マルコス

ここは世界の片隅なのか

グローバリゼーションをめぐる対話

イグナシオ・ラモネ
湯川順夫＝訳

現代企画室

マルコス　ここは世界の片隅なのか

イグナシオ・ラモネ
湯川順夫　訳

マルコス　ここは世界の片隅なのか

目次

凡例

一、本書は、*Marcos, La dignité rebelle : Conversations avec le sous-commandante Marcos*, Ignacio Ramonet, Galilée, Paris, 2001. の全訳である。

二、本文中の「　」や（　）は原文どおりに使用した。

三、註は、☆を付したものが原註、★を付したものが訳註である。ただし、フランス語圏の読者以外には意味をもたない原註は、日本語版にふさわしく書き改めて、訳註とした。

四、資料として収録した文書・地図・写真はいずれも原書にはない。訳者と現代企画室編集部の責任において行なった。収録した文書のうち、本文で言及されているものについては、［資料I］のように記して、本文との対応関係を明示してある。ほかに、本文で言及はされていないが、この期間の情勢を全体的に把握するうえで必要な文書・演説も収録してあり、それは、［資料IV・VI・VII・IX・X］である。文書に付した順番は、時間の流れに沿っている。資料篇で［　］内に小さな文字で記したのは訳註である。サパティスタ民族解放軍のホームページ（http://www.ezln.org/）に掲載されたテクストに基づいて訳出した。

フアン・カルデロンと
ラ・レアリダーの子どもたちに捧げる

出発点となる出来事

「われわれは出発するが、何の成果も得られなかった」。二〇〇一年三月二九日、メキシコ市においてマルコス副司令官はこう宣言した。ここで彼は、チアパスに戻って、ラ・レアリダー近くの自らの地下活動地域で再び拠点を構築すると発表したのだった。その前日、サパティスタはエステル司令官の演説［資料Ⅷ］を通じて、メキシコ議会に対して自らの見解を表明した。この演説は、五七の先住民を代表する形で行われ、先住民としてのインディオに対してメキシコが膨大な負債を負っていることを指摘していた。新大統領のビセンテ・フォックスの支持のもと、一九九六年以来中断されていたチアパスでの和平再確立に向けた交渉(★1)の再開が可能になっていた。

サパティスタ民族解放軍（EZLN）の指揮官が二〇〇一年二月二四日に地下から

劇的な形で姿を現したのは、まさしくこのためであった。顔を覆面で覆ったこの有名なゲリラ戦士(☆2)は、この日、チアパス州(☆3)のラカンドンの森を出て、一台の白いバスに乗りメキシコ市への平和的な行進を開始した。行進途上の全沿道には数多くの支持者が集まってきた。こうした支持者に支えられ、世界のメディアの注視の中、彼は、二週間の波乱に満ちた真の冒険の旅を終えて、救世主的な英雄として三月一一日（日）に首都に入った。その間、三〇〇〇キロメートル以上を走破し、メキシコでも最も貧しい一二の州を通り、三月の一日から四日まで、ミチョアカンでは先住民大会に参加した［資料V］。

ＥＺＬＮの二三人の司令官を伴い、全世界からかけつけた名の知れた友人たち――ノーベル文学賞受賞者のホセ・サラマゴ、フランス自由協会会長のダニエル・ミッテラン、フランス農民連盟のジョゼ・ボヴェ、作家のマヌエル・バスケス・モンタルバン、ＡＴＴＡＣ（市民を支援するために金融取引への課税を求めるアソシエーション）会長のベルナール・カッサン、小説家のラモン・チャオ、欧州議会議員のサミ・ナイール、挿絵画家のジョルジュ・ウォリンスキ、社会学者のアラン・トゥレーヌ、人類学者のイヴォン・ル・ボットなど——に付き添われて、マルコス副司令官は、メキシコ革命のときにかの有名なエミリアーノ・サパタ(★4)が一九一四年一二月六日にたど

★1　サパティスタ民族解放軍（EZLN）は一九九六年九月、政府との間ですでに合意をみた協定が履行されていないことや獄中者が解放されていないことなどを理由に政府との対話を打ち切っており、この時点までその状況は続いていた。

☆2　マルコス副司令官が実は誰であるのかというのは一九九五年以来、明らかになっている。一九五七年にメキシコ東北部のメキシコ湾沿岸にある町、タンピコ（タマウリパス州）で生れたラファエル・セバスチャン・ギレンである。かつてはUNAM（メキシコ国立自治大学）の学生であり、その後は大学の哲学教授を務めていた。

☆3　メキシコは連邦共和国で、三一の州と首都がおかれている連邦特別区から成っている。正式国名は、メキシコ合衆国。チアパス州はこの国の最南端の州で、面積は七四二一一平方キロメートル（ベルギーの約二・五倍の広さ）、人口は約三百万人で、そのうちの三分の一がインディオである。

★4　［一八七九〜一九一九］一九一〇年に始まるメキシコ革命の過程で、モレロス州の貧農の指導者として活動。根本的な社会改革のために農地改革の緊急性を主張し、「アヤラ計画」でその具体策を示したが、そのため微温的な改良主義派指導者と激しく対立し、最後には政府軍将校に暗殺された。「サパティスタ」は彼の名からとられている。

ったのと同じ道のりを象徴的に踏襲しつつ、メキシコ市に到着したのである。

メキシコ市の中心街にある広大なソカロ広場で、推定数十万人もの群衆が連帯を表明するために駆けつける中で、波乱に富んだ半生を送ってきたマルコスは、何百万人ものインディオを代表してメキシコの民衆全体に向けて「ここにいるわれわれは、反乱する尊厳、祖国から忘れられられた心である」と語りかけることができた。さらに彼は次のように付け加えた。「メキシコよ、われわれは君に何をなすべきかを言うためにやって来たのではない。君をどこかに導くためにやって来たわけではないのだ。われわれは、君に対してへりくだって敬意を込めて、大地の肌の色をもつわれわれを助けてくれるよう頼みにやって来たのだ。この国は今や恥ずべきやり方をやめるべきときである。今やインディオのときだ！」。集まってきた群衆の一人一人はそのとき、メキシコの国が形成される一つ出来事をはっきりと体験していることを実感していたのだ。

ビセンテ・フォックス、公正に選ばれた大統領

メキシコの新大統領が就任した翌日の二〇〇〇年一二月二日にコミュニケの形で、マルコスはこの風変わりな行進を発表したが［資料I・II］、それはまさに爆弾のような効果を及ぼした。まさしく特別な歴史的瞬間に突如としてなされたこの大胆なイニシアティブに政界全体が不意を討たれた。というのも二〇〇〇年七月二日以降メキシコは移行期を迎えていたからである。

実際、この日（七月二日）、七〇年間以上政権を握り続けて来た制度的革命党（PRI）が右派の国民行動党（PAN）のビセンテ・フォックス候補に大統領選挙で敗れたからである。カルロス・サリナス（一九八八〜一九九四年）とエルネスト・セディージョ（一九九四〜二〇〇〇年）を大統領職に就けた過去二回の大統領選挙に対し

ては、不正と腐敗がなされたとする重大な疑惑が投げかけられてきた。ビセンテ・フォックスの当選がこうした疑惑に対する民意の反映であったことは、誰もが認めるところである。二〇〇〇年一二月一日に就任したビセンテ・フォックスが長い期間を経てようやく公正に選ばれたと見なされ得るはじめての大統領であることは疑う余地はない。

さらにマルコスは、新大統領への公開状［資料Ⅲ］の中で次の点を認めている。「フォックス殿、あなたの前任者セディージョ（彼が権力の座についたのは、要人暗殺によってであり、国家＝政党システムという巨大な怪物の支持を得てであった）とは異なって、あなたが連邦政府の元首になったのは、ＰＲＩが丹念に人びとのあいだで育んできた拒絶のおかげだった。フォックス殿、あなたはそれをよく知っておられる。あなたは選挙に勝ちはしても、ＰＲＩを打ち倒したわけではない。打ち倒したのは市民たちであった。そこには、国家＝政党に反対票を投じた人びとだけでなく、七一年におよぶＰＲＩ歴代政権の権威主義・免罪・犯罪にあれこれの仕方で抵抗し戦ったかつての世代やいまの世代が含まれている」。

選挙戦の過程で、ビセンテ・フォックスは、サパティスタ問題を「一五分間で」解決すると公約した。マルコス副司令官のイニシアティブは、「順風満帆」な選挙戦を展開したフォックスを驚かせ、そのために彼は先住民問題という厄介な問題を直接に取り上げざるを得なくなった。自身もマルコスに長いインタビューを行なっている作家のカルロス・モンシバイスがわれわれに語っているように、「行進の考えはすばらしい計画であり、政府は、マルコスが今後定める交渉日程に従って動かざるを得なかった。こうして、マルコスが再び事態のイニシアティブを取り戻したのである。それでフォックスは仕方なくこの提案を受け入れた。そうした国内外の圧力があっただけでなく、彼には次のことも無視できなかったからである。つまり、サパティスタも大部分のメキシコ民衆もサリナスとセディージョを不正者、腐敗者、簒奪者とみなして、これら二人の大統領としての正統継承権をそれまで認めてこなかったのに、今回はマルコスが新政権と対話するためにメキシコ市にやって来て新政権の合法性を認めるというのであるから」（「ラ・ホルナダ」紙、二〇〇一年一月八日、メキシコ）。

人類学者のアンドレ・オブリは、サン・クリストバル・デ・ラス・カサスの司教区の記録文書の管理者である同時に、サムエル・ルイス元大司教[★5]と親密でその顧問でもあるのだが、その彼もさらにこう語った。「この行進を組織することによって、フォックス新大統領に、どのようなメキシコ国を建設したいのか自らの見解を表明するよう強く促しているのである。いずれにしても、マルコスが要求していることは、それほど難しいことではない。彼は、インディオがこの国の一部を構成するようになることを要求しているにすぎない」。

メキシコにとっての希望

ひとたび驚きの衝撃が過ぎ去ると、ビセンテ・フォックス大統領は、サパティスタの行進計画に対して好意的な反応を示した。コロンビアでは、アンドレ・パストラーナ大統領が二〇〇一年二月八日に、反乱軍の伝説的指導者である老マヌエル・マルランダ、「ティロフィホ」との直接会談を行なうためにコロンビア革命軍（FARC）――サパティスタ革命軍よりもさらに激しい軍事行動を展開しているゲリラ――の支配地域に赴いた。フォックスはこのコロンビア大統領がやった程度のことができなか

★5　［一九二四～　］メキシコ・グアナファト州生まれ。神学校に学び、一九五九年にチアパス司教に任命される。一九六二～六五年のバチカン公会議で思想的転機を迎え、以後は貧しい人びと、とりわけ先住民農民の権利獲得こそが最重要課題との立場から活動に携わる。一九九四年のサパティスタ蜂起の直後からしばらく、サパティスタと政府の和平交渉の仲介役を担った。現在はチアパス司教を退いている。

ったのだろうか。フォックスの陣営内部では、ケレタロ州知事のようにサパティスタの司令官たちを「売国奴」呼ばわりしたり、彼らを殺すと脅迫するなど感情の昂り(たかぶり)が見られたが、彼はまず最初にそれを宥(なだ)めた上で、サパティスタの行進が「メキシコにとっての希望」を体現していることを認めた。

不安を抱く投資家を安心させるために、新大統領はすでに二〇〇一年一月二六日の時点でダボスの経済フォーラム[★6]において次のように宣言していた。「何人(なんぴと)もメキシコでのＥＺＬＮの行進を恐れてはならない。われわれは、国民一人一人の発展を可能にするプロジェクトにすべてのメキシコ国民を組み入れることを恐れてはならない。その行進は平和的なものになるだろうし、われわれはチアパスで和平協定を結ばなければならないだろう」（「プロセソ」誌、二〇〇一年二月四日、メキシコ）。

その後、ビセンテ・フォックス自身は行進の実際の宣伝者に変貌しさえして、こう語った。「私の政府は行進を支持している。われわれはＥＺＬＮを信じて、自身が真に和平を望んでいることを証明する機会を彼らに提供しなければならない。そこには生まれようとしている民主主義の運命がかかっているのであって、たとえ最も急進的な思想であろうともそれらをも含めて異なるさまざまな思考形態を吸収するだけの十分な柔軟性をこの民主主義がもっていることをわれわれは立証しなければならないのだ」(「エクセルシオル」紙、二〇〇一年二月一八日、メキシコ)。

一部の人びとは、フォックス氏の宣言を懐柔の試みに等しいとみなしたが、この宣言の中で、彼自身が進んでインディオの悲惨な運命を指摘したのである。「五世紀間もの屈辱でもうたくさんだ!(ヤ・バスタ) 先住民を無視し、貧しい人びとや排除された住民を統合できないようなやり方はもうたくさんだ! メキシコのインディオは、人種差別的な屈辱を受けてきただけでなく、自分たちを排除し自分たちを教育や発展から隔離し、

★6 毎年スイスのダボスでは、各国の政治界・経済界のエリート層の指導者や国際機関の代表が集まり、「世界経済フォーラム」が開かれている。

権利ある自由な市民としての自己表明を妨げるような公共と民間の政策をも甘受させられてきた」(「ラ・ホルナダ」紙、二〇〇一年二月一五日、メキシコ)。そして、ビセンテ・フォックスは、時代が変わったことを示すために、マルコスがメキシコ市に到着する前夜に、次のように付け加えさえした。「サパティズムに得るものがあるように、マルコス副司令官に得るものがあるように、インディオに得るものがあるように望む!」(「ル・モンド」紙、二〇〇一年三月一三日、パリ)。

しかし、二月二四日に行進が始まると、メキシコ当局はやはり、マルコスが表明した要求に応えることにためらいを示した。この点についてアンドレ・オブリは次のように説明している。「もしフォックスがサパティスタが要求する三条件(★7)に同意することができないとすれば、それは、彼が実際に権力を保有していず、統轄していず、彼が軍の長ではなくて軍の方が彼よりも上位にあることを意味する。結局のところ、一九二〇年以来のメキシコの伝統というのは、政治的問題を軍事的に解決するというところにあった。これこそ、フォックスの前任者であるサリナス大統領とセディージョ大統領がサパティスタに対してやろうとしたことであった。二人は失敗した。もしフォックスが成功したいと望み、実際には自分がたえず言い続けているように本当に平和を望むのなら、彼は、自分が本当に大統領であることを、軍を指揮していることを、さらには善意の証しとしてサパティスタが要求する三条件を受け入れることを、示さなければならない。サパティスタの側は、ジャングルを出て、メキシコ市に向かうことによって自らの平和への意志を十分に証明している。そこに賭けられているものは、大統領が努力を行なうに値するものである。なぜなら、それはインディオの待遇の問題であるからである。しかも、インディオに対してメキシコが負っている借りは膨大である」。

★7　サンアンドレス協定の履行、獄中者の解放、チアパスからの政府軍の撤退。

先住民の密かな抹殺

メキシコでは一五二一年の「征服」とアステカ帝国の破壊以来、先住民の一部は抹殺されてきた。生き残った人びとは追われ、搾取され、辱められ、しばしばひどい生活を送らされることとなった。サン・クリストバルの司教で有名なドミニコ派修道士、バルトロメ・デ・ラス・カサスが『インディアスの破壊についての簡潔な報告』(一五四二年)[★8]の中で取り上げたのはまさに、コンキスタドールの野蛮な抑圧を蒙ったチアパスのインディオのこの苦難なのである。彼のこのやりきれない証言によって、先住民にとって「征服」の悪夢とはいったい何であったのかを思い描くことができる。

一八一〇年のメキシコの独立の後でも、そして「土地と自由!」のかけ声のもとで実現された一九一一年のメキシコ革命の後でさえ、チアパスのインディオの運命は改善されなかった。追放、搾取、蔑視が続くと同時に、金で雇われた殺し屋集団や準軍隊的自警団に助けられた大土地所有者およびコーヒーやカカオの農園主によってそれ以降実施されたゆるやかな絶滅もまた永続化した。メキシコの憲法は、この国の全人口の一〇%を占める先住民、すなわち、約一千万人の人びと、の存在を実際には一貫して認めてこなかった。メキシコは、人口の過半数が混血であるという口実のもとに混血の人びとを公式には称賛したが、先住民は無視、すなわち、蔑視した。

先住民はいぜんとしてある種の密かな抹殺の犠牲者となり続けている。すべての人から忘れられ、相手にされず、「姿を見せない」存在として扱われてきたこれらの人びとは、一千年以上続いてきた自分たちの言葉、自分たちの伝統、自分たちの価値観をいやおうなく消え去っていくものとして見るよう強制されている。マルコスとサパ

★8　日本語版は『インディアス破壊を弾劾する簡略なる陳述』(石原保徳編訳、現代企画室、一九八七年)として刊行されている。

ティスタ民族解放軍が反乱を起したのは、このような宿命に対してであった。

グアテマラとの国境に近いメキシコ最南端のチアパスの深い森林の山岳地帯と雨林地帯を根拠地にするサパティスタは、インディオ社会の悲劇的な生活条件をこの七年間弾劾し続けてきた。サパティスタの反乱を理解する上で不可欠な著作である『チアパス、メキシコ先住民の反乱』と題する著作の著者で、作家でありエッセイストでもあるカルロス・モンテマヨルは次のように説明している。「メキシコでインディオであることは、単にある一定の身体的風采を備えているということだけにとどまるものではなく、インディオの言葉を話し、先祖伝来の土地に住み、伝統的な風習を実践しており、人びとが生活している社会の数千年来の価値観を大切にしているということである。チアパスでは、住民の三分の一以上が、すなわち、百万人以上が、先住民である。……ポポルカとミヘに属するソケ人を除くと、そこに見られる過半数の集団はメキシコのマヤ言語系に属している。ツォツィル、ツェルタル、チョル、トホラバル、ラカンドン、マム、モチョス、カクチケルなど全部で一二の言語集団がいる。だが、最近の大規模な移住はラカンドンと呼ばれている森のさまざまな小地域の社会的、イデオロギー的、政治的構成を大きく変えたが、この構成はEZLNの主要な社会的基盤を表わしているのである。異なるさまざまな先住民集団から成る少なくとも二〇万人の人びとが、チアパスで、それぞれ何らかの形でEZLNを支持していると見られている[☆9]」。

チアパス、豊かな州、貧しいインディオ

最大の天然ガス埋蔵量を有するチアパス州は、さらに最大の石油鉱床を保有する州

★9 Carlos Montemayor, *Chiapas : la rebelión indígena de México*, Joaquin Mortiz, México, 1997.

でもあり、メキシコの全水力発電量の四〇%を供給している。しかもこのおかげでメキシコは、カリフォルニアが著しい電力不足に見舞われた二〇〇〇年一二月に合衆国のために電気を調達してやることができたのであった。サパティスタ蜂起の最良の理解者の一人である社会学者のヘルマン・ベリングハウゼンは次の点を認めている。

「……チアパスに莫大な富があるにもかかわらず、生れてきた子どもの三分の一は、今でも就学していず、せいぜい百人中一人の生徒が大学に入学できるだけである。先住民の間では、字を読めない人が五〇%を超えており、死亡率は首都住民の死亡率よりも四〇%も高い……」。

こうしてインディオの運命に抗議し、世界で最も見捨てられた人びとの中に数えられるこれら人間社会に対する国際的な関心を引きつけるために、マルコス副司令官とEZLNは蜂起したのである。戦闘で数十人の死者を出しながらも、サパティスタは一九九四年一月一日、チアパス州の四つの重要都市を占拠したが、それらの町にはサン・クリストバル・デ・ラス・カサス（人口五万人）も含まれていた。

ヘルマン・ベリングハウゼンはさらに説明を続ける。「だが同時に、そしてこれがこの運動の大きな特異性なのだが、マルコスは、二〇世紀後半の全期間にわってラテンアメリカが経験してきたような伝統的なゲリラの時代は過ぎ去ったことを理解している。冷戦の終了、一九八九年のベルリンの壁の崩壊、一九九一年のソ連邦の消滅、そしてグローバリゼーションの攻勢は、地政学的与件を根本的に変え、権力構造を覆した。国家の運命を操るのはそれまではまだ政党だけだったが、今やそれ以外の勢力が国家の運命を操るようになっている。そうした勢力の最先端に位置しているのが金融市場と自由貿易的論理であり、ＮＡＦＴＡ（北米自由貿易協定）はその表現のひとつである」。

一九九四年一月一日という日にメキシコの政治生活の中に突如として登場するというサパティスタの選択はそもそも単純なものではない。なぜなら、その日はメキシコと合衆国とカナダの間のこの北米自由貿易協定が発効した日だったからである。

これら人民の大義を防衛しながら、マルコスは、この当日に、グローバリゼーションに反対する最初の象徴的反乱にいわば署名、調印したのであった。グローバリゼーションに反対する新しい反乱（プラハ、ワシントン、沖縄、メルボルン、ニース、ダボス、ケベック）が発展するのを目撃するには、一九九八年の多国間投資協定[★10]に反対する国際的な大衆動員、続いて一九九九年のＷＴＯ（世界貿易機関[★11]）に反対するシアトルのデモ、二〇〇〇年一月と二〇〇一年一月の「世界の主人たち」に反対するダボスのデモを待たなければならなかった。マルコスは、グローバリゼーションの傲慢さと南の貧しい人びとの排除との間の結びつきを理論化しようと試みた歴史上最初の人である。

マルコス、「サイバー・ゲリラ戦士」

チアパスの先住民社会内で具体的な反乱を指揮しながら、マルコスは、その特異な戦闘の実践を国際的な地政学的情況の中に、そして進行中のグローバリゼーションの枠組みの中に、位置づけ直し、この実践を分析している。(☆12)……彼は、メディア戦略に

★10　一九九〇年代半ば、OCED（経済開発協力機構）内部では密かに、国際投資の保護と自由化を求めるMAI（多国間投資協定）の交渉が開始された。それは、NAFTA（北米自由貿易協定）の投資条項を雛型として構想されていたが、国際的なNGO（非政府組織）の活動によって、多国籍企業の利益の拡大を優先した協定文案が暴露された。反対運動の高まりによって、一九九八年一二月、MAIは一頓挫を来たしている。

★11　第二次世界大戦後の世界貿易のあり方を規定してきたGATT（関税と貿易に関する一般協定）に代わり、経済のグローバル化に合わせて先進国主導で一九九五年一月一日に発足した新しい国際貿易体制。サパティスタが「反グローバリズム」の旗幟を鮮明に掲げて蜂起してからちょうど一年後のことであった。

☆12　特にマルコス副司令官の次のものを参照すること。Subcomandante Marcos, *Desde las montañas del Sureste mexicano*, Plaza y Jañez, México, 1999.

裏打ちされた、ある種の行動する理想主義者、現代版ロビンフッドであることを示した。この戦略は、全世界をカバーする恐るべき効果を備えた新しい武器としてインターネットを利用するものであって、それはウェッブや電子メール、コミュニケ、テキスト、分析、コント、寓話、詩を駆使して行われる。これらはしばしば実に的を射たものとなっている。彼は驚くべき手腕で、記号の戦争、象徴的戦闘、記号学的ゲリラを展開するのである。

サパティスタの顔に覆面をつけ、それまで「見えなかった」インディオを突然見えるようにする目出し帽という実にメディア的なアイデアを思いついたのは、彼である。彼が断言しているように、「真の司令官、それは人民である」のだから、異例の存在しない「副司令官」という軍のこの階級を考案したのも彼である。

最初の「サイバー・ゲリラ戦士」、マルコスは覆面とペンを駆使して、少数派の権利を擁護し、新自由主義のグローバリゼーションに反対している数百の市民団体、NG

O団体、何十人もの個人や知識人との連帯関係を結ぶことができた。そのメディアの打撃力は、メキシコ国家それ自身のメディアよりもいっそう独創的で、しかも結局のところより効果的であることが明らかになった。その力は余りにも効果的だったので、一九九四年一月一二日にはすでに、すなわち蜂起開始からたった一一日しかたっていないというのに、マルコスが武器を取るという選択を最終的に放棄するほどであった。サパティスタは今後襲撃も殺人もけっして行なわないだろう。サパティスタはもはや引き金を引かず、世論の心を捉えるために非暴力の戦略を採用するだろう。

メキシコでの行進はさらに、一九四〇年代に、非暴力の唱導者であり、インド独立の父であるマハトマ・ガンジーが展開した有名な「塩の行進」を連想させた。ガンジーは、インド人民に塩の買入れを拒否するよう求めた。塩の価格にはイギリス植民地当局に大きな利益をもたらす税金が含まれていたからである。彼はインド人民に、インドの海岸に向けて行進して海の塩を集めに行くよう求めた。数千万人のインド人がガンジーの勧めに従った。そして、イギリス当局はこのようにしてインドが失われたことを理解したのである。

アメリカの偉大な知識人、ノーム・チョムスキー(★13)は次のように宣言した。「メキシコでのサパティスタの行進は、国際的規模で壮大な希望の展望を切り開いた。それは、政治制度の枠外で展開される一つの社会的闘争が、当局に大きな変化を受け入れさせることができることを示す一つの証拠なのである。この成功の後、マルコスとサパティスタは、全世界に展開するNGOや市民運動との緊密な関係を結び、連帯と相互援助の実態をいっそう強化することが期待できるにちがいない。これらすべての運動が同盟を結び、互いに支援し合うようになるなら、現代の歴史のコースを変え、グローバリゼーションを抑止することができるだろう。だから、この同盟が結ばれないようにするために、政治指導者や経済界の首脳や大規模マスコミは全力を挙げているのだ」(「ラ・ホルナダ」紙、二〇〇一年三月八日、メキシコ。ジム・カッソンとダヴィッド・ブルックによるインタビュー）。

新しい政治的行動スタイル（「従いながら指揮する」[★14]）の推進者であり、謙虚なカリスマ的な司令官であり、尊大なところのないマルコスは、そのうえ、溢れんばかりのユーモアと滑稽さを持ちあわせた才能ある作家でもあることを示しており、しばしば理性の悲観主義と意志の楽観主義という特徴を示しているグラムシのような自分好みの著作家——セルバンテス、ルイス・キャロル、ベルトルト・ブレヒト、フリオ・コルタサル、レオナルド・スキヤスキヤ、ホルヘ・ルイス・ボルヘス——をよく引用し

★13 ［一九二八〜 ］一九六〇年代のベトナム戦争反対運動に参加して以来、歴代米国政府の外交政策、とりわけ第三世界に対する政策を厳しく批判している言語学者。米国の大きな影響下にあるラテンアメリカに関わる発言も多い。言語学関係以外の著書に『アメリカが本当に望んでいること』（益岡賢訳、現代企画室、一九九四年）、『アメリカの「人道的」軍事主義：コソボの教訓』（益岡賢ほか訳、現代企画室、二〇〇二年）、『9・11：アメリカに報復する資格はない！』（山崎淳訳、文芸春秋、二〇〇一年）などがある。

★14 従来の社会運動組織にありがちな独善的な前衛主義と袂を分かつ態度を表明するうえで、サパティスタがよく使う言葉である。

ている。

政治的な象徴の巧みな利用

この歴史的な行進が開始される数日前、私はマルコスから一通の手紙を受け取った。この手紙の中で、彼は自らの大胆なイニシアティブについて知らせるとともに、次のように私に述べていた。「あなたは『グローバル化されている』最近のほぼすべての主要な出来事を追跡しているのですから、あなたの広い視野と新自由主義の『機構』についての深い知識は、われわれの大義を突き動かしている正義への願望に気づくことができるでしょう」。そして、彼は、自分に同行するかそれとも二〇〇一年三月一一日にメキシコ市に入る時に自分に合流するか、そのどちらかにしてはどうか、と私を招待してくれた。

私にはすでに先約があったので、この招待を受けられなかった。だが、私は満たされない思いを抱いていた。数日前に会った作家のカルロス・モンシバイスは私に、マルコスの大胆不敵なこの決意がどれほどメキシコ政界を狼狽させているかを語ってくれた。他方、自身が政治的コミュニケーションの偉大なる達人であるフィデル・カストロは、それまでサパティスタについての自らの見解を政治的に表明したことがなかったけれども、「行進というこのアイデアによって、マルコスは、政治的な象徴の巧妙な利用という一つの教訓を世界に提供した」と宣言したばかりであった。

それで、私は、メキシコ全土を通る彼のオディッセイア的旅行に同行することはできないが、君には自らのイニシアティブの理由と目的を説明し、自分の戦略の変更を明らかにし、将来の計画について語ってもらうために、むしろチアパスのラカンドンのジャングルの「孤独な砂漠」の中で会いたいのだ、とマルコスに返事した。

マルコスはそれを受け入れた。そして、山道を通ってへとへとになるまで長時間の旅を続けた後、私は、確かフランス・アンテル局の番組だったと思うが、放送番組「ラバ」のプロデューサーであるダニエル・メルメといっしょに、ラ・レアリダーの小さな村にたどり着くことができた。この村は、住民が四五〇人で、メキシコ市から南、一〇〇〇キロメートルのところにあって、ジャングルの密生した木々に覆われた雨の多い山腹に位置していた。マルコスの秘密司令部が置かれているのはこの付近である。

タチョ司令官および彼と常にいっしょにいる幕僚のモイセスに付き添われ、マルコスはいつもつけ続けている覆面を被り、パイプを口に咥え、携帯電話の受話器を身につけ、元の色もわからなくなった擦り切れた庇付き帽子を被り、背中に軽機関銃を背負い、私を出迎えた。

彼は私の本[★15]を読んでいたし、私は彼の書いたすべてのものを読んでいた。それで、われわれはまるで昔からの旧友であるかのように会話を始めた。

★15　本書のテーマと関連するもので、すでに翻訳があるものとして、「市場の荒ぶる神に枷をはめよ」（三浦信孝訳、『世界』一九九八年三月号、岩波書店）、「ポルト・アレグレ」（ＡＴＴＡＣ編、杉村昌昭訳『反グローバリゼーション民衆運動』つげ書房新社、二〇〇一年）などがある。

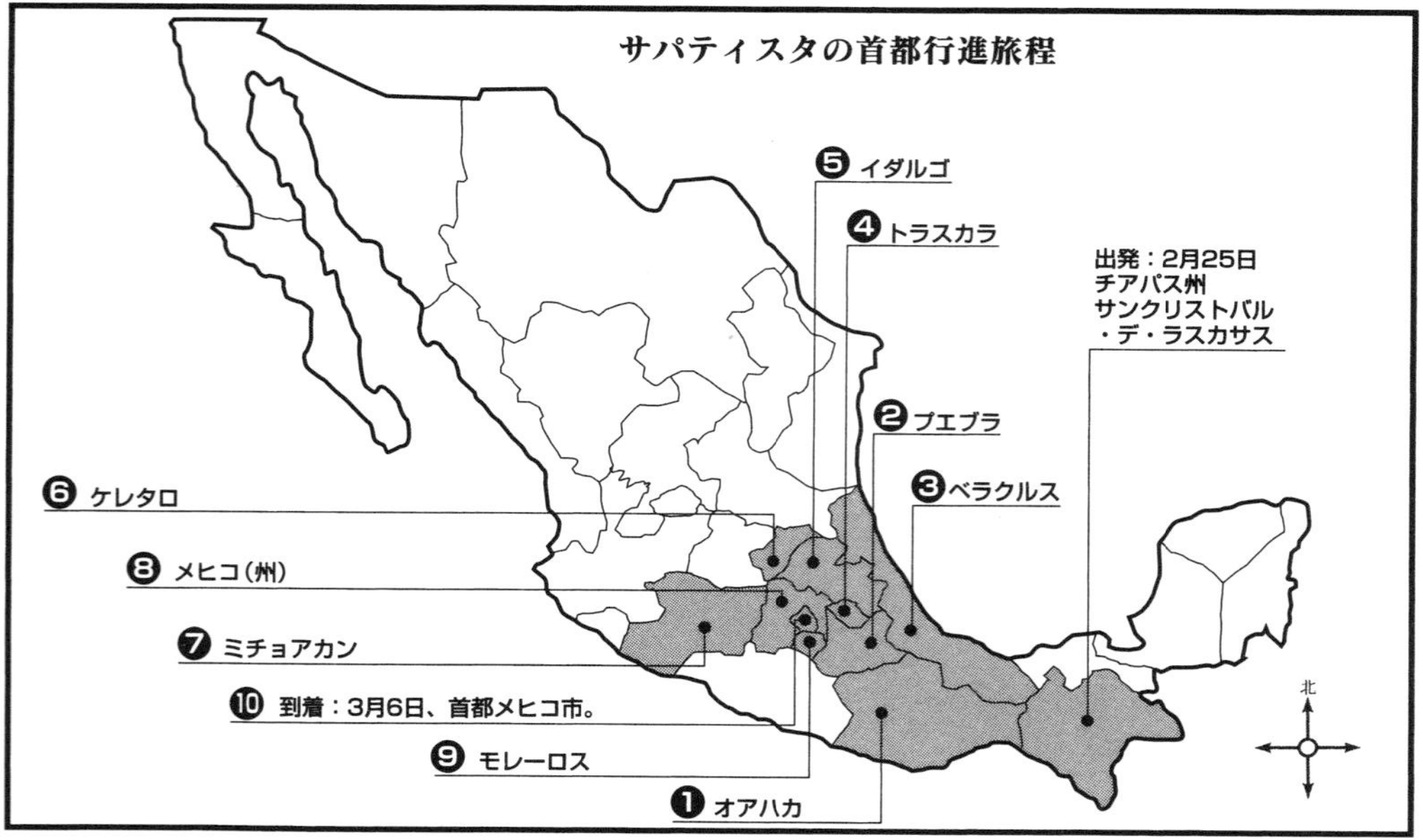
サパティスタの首都行進旅程
出発：2月25日
チアパス州
サンクリストバル
・デ・ラスカサス
❶ オアハカ
❷ プエブラ
❸ ベラクルス
❹ トラスカラ
❺ イダルゴ
❻ ケレタロ
❼ ミチョアカン
❽ メヒコ（州）
❾ モレーロス
❿ 到着：3月6日、首都メヒコ市。
北

第四次世界大戦

――合衆国、カナダ、メキシコの間のＮＡＦＴＡ（北米自由貿易協定）が発効した一九九四年一月一日に、サパティスタは、グローバリゼーションに対する最初の抗議とみなし得る行動を開始することによって、国際情勢の今日の事態の中に突如として登場しました。そのときから、あなたが「第四次世界大戦」と呼んでいるもの、すなわち、グローバリゼーションの影響を被（こうむ）っている者とグローバリゼーションを推進している者との対立、が始まりました。この第四次世界大戦の現況をどのように見ていますか。

マルコス――一九八九年のベルリンの壁の崩壊と一九九一年のソ連邦の消滅の後、二極化された旧世界は終焉し、権力の新しい変動が見られたとわれわれは考えています。

もう一方の世界をも今日支配するようになっているのはもはや、古典的な意味で一つの帝国主義権力ではなく、一つの新しい権力、国家を超えた一つの権力、わがもの顔に振る舞っている金融資本の権力です。

　この新しいスーパーパワーはそのとき以来、新自由主義の政策に鼓舞されて、たえず発展し続けてきました。冷戦——「第三次世界大戦」と呼ぶことができる対立——の大きな勝利者はアメリカ合衆国です。だが、この大覇権国を超えて、全世界に指示を与えようとする金融スーパーパワーと呼ぶことができるものがすぐさま出現し始めました。これが、一般にグローバリゼーションとわれわれが呼んでいるものを生み出しているのです。グローバリゼーションは、イデオロギー的、哲学的、理論的観点から見ると、新自由主義の教義に基礎をおいています。

　世界的レベルで、現在、展開されている大きな戦いは——そして、これは実際に、「第四次世界大戦」と呼ぶことができるでしょう——、グローバリゼーションの信奉者とさまざまな方法でそれに反対しているすべての人びととの間で戦われています。グローバリゼーションの拡大を妨げるすべての障害とすべての抵抗は今後、破壊されてしまいかねません。

――あなたの見解では、グローバリゼーションの主要な敵は何でしょう。

マルコス――グローバリゼーションの主要な敵は国民国家です。そして、この意味で、国民国家のすべての決定は、自由な金銭の流れを妨げる障害を、すなわちバリケードを築いています。私がここで念頭においているのは、関税だけでなく、外国為替管理のような金融の自由な流れを制限する手段、あるいは国内産業と国内企業の保護を目的とする保護主義的性格の手段のことです。グローバリゼーションの主要な敵とは、資本の全面的に自由な流通、増殖、その理想の達成を妨げるすべてのものなのです。

――それでは、グローバリゼーションの理想とは何なのでしょう。

マルコス――グローバリゼーションの理想は、世界を一つの大企業に変えてしまい、この大企業をＩＭＦ（国際通貨基金）、世界銀行、ＯＥＣＤ（経済協力開発機構）、ＷＴＯ（世界貿易機関）、アメリカ合衆国大統領から成る取締役会によって管理することです。こうした情況のもとでは、各国の政府は、この取締役会の代理人、ある種の地方管理人にすぎません。政府は自国市民の利益ではなく、この世界的取締役会の利益と価値観を守るのです。そして、あなたが『ル・モンド・ディプロマティーク』紙やご自分の著作『カオスの地政学』の中で「たった一つの考え」と定義しておられる考え方というものが、大マスコミの助けを借りて次のような形で市民を納得させるイデオロギー的接着剤を提供する役割を果たしているのです。すなわち、グローバリゼーションは修正できるような類のものではないのであって、それは利益をもたらすものであり、それに対するいっさいの対案は空想的、ユートピア的で非現実的であり、かつ非常に危険でもある、というわけです。

——全世界に強引に押しつけられていくグローバリゼーションの計画においては、それに立ちはだかる障害として文化がある、と私は感じています。現地の文化的価値観、つまりマイノリティーのアイデンティティーが、グローバル化された文化の侵入をさまざまな形で抑えることができると思いますか。

マルコス——この分野でもまた、大きな闘いが展開されています。当然にも、グローバリゼーションは、その強烈なヘゲモニーのもとで、文化的諸要素を奪い、世界を文化的に均質化することを求めるからです。それは、自らが備えている魅力を利用して、アメリカ的生活スタイルを、合衆国の生活様式を、世界全体に普及しようと試みています。それは、世界で最も受け入れられている生活様式なのです。そうすることによって追求されているのは、社会に対する価値評価基準の変更という目的です。今日まで、人びとはどのような基準で社会、文化を評価していたのでしょうか。美、創造、英知、倫理、正義、道徳、誠実に関する自らの基準にもとづいてでした……。ところで、今後は、市場の価値——収益性、利潤、効率——が至るところで強引に導入され、他のすべての価値に取って代わるのです。これらの価値が政府の決定を支配し、家庭の機能を規定し、学校にも導入され、メディア内部に行き渡っています。各個人は、製造し購買する能力をもつ人しか、社会の中で一つの位置を占めることを認められないのです。

――新自由主義とそのイデオロギーを特徴づけるこうした市場基準は、貧しい人びとや恵まれない人びとや取り残された人びとを社会の周辺に追いやり排除しますが、とりわけメキシコとラテンアメリカでは先住民をそうした境遇へと追いやっています。あなたの政治的考察では、グローバリゼーションの進行と先住民の社会的排除との間にどのような相互関係があることになるのでしょう。

マルコス――メキシコに住むすべての人びとの中で、先住民は最も忘れられた存在です。それは第二級の市民、国のお荷物であるとみなされています。だが、われわれは落伍者ではありません。歴史的にもそしてまたその数千年の英知からしても、われわれは民衆の一翼を構成しているのです。民衆は、踏みにじられ、忘れられてはいるものの、いまだ死んではいません。そして、われわれは他の人びとと同様の市民になることを願っているのであり、メキシコの一部になりたいと思っているのですが、われわれの独自性を失うことなく、われわれの文化の放棄を強制されることなく、つまり、先住民であることをやめることなく、そうしたいと考えているのです。われわれの観点からすれば、メキシコ共和国は負債を負っています。これは足かけ二世紀にわたる古い負債であって、国はわれわれの権利を認めることによってしかそれを清算できないでしょう。そしてまた、グローバリゼーションの論理がわれわれをさらにいっそう周辺的境遇へと追いやるのを受け入れることを拒否することによってしか、それを清算できないでしょう。なぜなら、市場の基準は、そのグローバル化が収益性のある投資を意味しないような人類の一部を切り捨ててしまうからです。実際、これは全ラテンアメリカの先住民に当てはまります。グローバリゼーションは先住民の切り捨てを要求します。必要に応じて公然たる戦争か密かな戦争かのどちらかの手段に訴えて、それは実施されます。その場合、インディオがグローバリゼーションの発展力学に役立たないし、インディオを体制に組み込むことが不可能であり、反乱の潜在的可能性のために深刻な政治問題になりかねないということが口実になります。

グローバリゼーションに反対するさまざまな闘い

――チアパスでのこの蜂起は、一九九四年一月に始まりました。一方におけるメキシコのチアパスにおける先住民のまったく特異な反乱と、他方における最近の、シアトル、プラハ、沖縄、ニースなど世界中で発展し、ポルト・アレグレの世界社会フォーラム(☆★16)の枠組みのもとで二〇〇一年一月に積極的な組織化が試みられた、グローバリゼーションに反対する抗議運動との間には、どのようなつながりがあると思いますか。

マルコス――グローバリゼーションの攻勢に直面して、大まかに言えば、グローバリゼーションに対する抵抗という形をとった対抗過程をわれわれは見ることができますし、この抵抗はさまざまな戦線を表現しています。一方には、誰もが注目する抵抗があります。これらは、大々的にマスコミで取り上げられるので人びとの心を打つある種の歴史の鮮明なフラッシュとなっています。このような例としては、一九九四年一月一日のサパティスタの蜂起や一九九五年一一月～一二月のフランスの社会運動やシアトルでのWTO（世界貿易機関）への抗議運動やダボスの世界経済フォーラムに反対するデモなどがあります。だが、他方、それと並行して、それとは別のそれほど目

☆16　世界社会フォーラムについては、次の二つを参照すること。Ignacio Ramonet,《Porto Alegre》, *Le Monde diplomatique*, janvier 2001.《El Consenso de Porto Alegre》, Madrid, *El País*, 12 febrero 2001. ★グローバリゼーションを先導するエリート層が集まるダボス会議（前出）に対抗して、二〇〇一年以降ブラジルのポルト・アレグレで、草の根の市民が集まる「世界社会フォーラム」が開催されている。このフォーラムに関する情報は、以下のサイトで参照できる。http://www.forumsocialmundial.org.br

立たつこともそれほど劇的でもない抵抗現象も存在します。これは、必ずしもマスコミの注意を引くわけではありませんが、より特異な抵抗のタイプをなすものであり、グローバリゼーションに代わる解決策を追求し、グローバリゼーションは回避できるという確信にもとづいてひとつのオールターナティブを構築しようとするものです。この種の抵抗の例としては、もちろんポルト・アレグレを挙げることができます。そして、ここでは、ポルト・アレグレでの世界社会フォーラムの会議だけについて言っているのではなく、同時にその地で実施されている参加型予算[☆17]のことについても言っているのです。つまり、ひとつの自治体を管理するまったく類を見ない根本的に民主的で強力なイニシアティブのことについて言っているのです。参加型予算は、それ自身、グローバリゼーションに対するひとつの抵抗方式であって、これは、確かに、マスコミに対してサパティスタの蜂起やシアトルでの抗議と同じほどの影響を与えるわけではありませんが、グローバリゼーションに反対して闘うためのよりすぐれた、より考え抜かれた提案なのです。

——ではトービン税のようなイニシアティブをどう思いますか。

マルコス——われわれにとって非常に重要であるように思われます。それは、グロー

☆17　参加型予算とは何か。「参加型予算」の最も有名な最良の経験は、ポルト・アレグレの経験である。人口一三〇万人のこの都市は、ブラジルの最南端の州、リオグランデ・ド・スルの州都である。すべては一九八九年から始まった。追求された目的は基本的に、住民が自分たちに関する自治体の政策の作成と調査に積極的に参加できるようにすることである。住民はまず第一に地区にもとづいて活動する。市は一六の区画に分けられている。全住民は、この区画の公開集会の過程で、自らの要求を明確にし、優先課題（住宅、教育、医療）を決めるよう勧められる。これに、市のより全体的なビジョンを考慮に入れることを可能にするテーマにもとづいて形成された部門参加が加わる。この部門参加には、さまざまな社会的部門（労働組合、事業主、農民、学生、共同体運動など）が含まれている。最後に、もちろん市が参加型予算の三番目の主役を代表する。市は、技術的、法的、財政的情報を提供し提案を行なうために、区画集会とテーマ別集会に出席する。最終段階では、各区画と各テーマ委員会が計画化会議室に優先課題を提出する。事前に下されたこうした決定が、計画化会議室によって実施される予算案の作成と作業の基礎となる。各部門やテーマ委員会が代表を送っているいくつかの委員会の中でのさまざまな補足的手続きを経た上で、予算が最終的に提出され、市議会で採択にかけられる。さまざまな集会を通じて、住民は前年度の参加型予算で定められている事業とサービスの実施に対する査定を行なう。DIAL, 1er mars 2001. また次のものも参照すること。Bernard Cassen,《Démocratie participative à Porto Alegre》, *Le Monde diplomatique*, août 1998.

バリゼーションに対するもうひとつのタイプの抵抗の一翼を担うものであって、この抵抗は、集団の再建やより連帯的な国家の再建を促進するようなやり方で、グローバリゼーションの拡大を阻止するための障壁を築くことにあります。だからこそ、われわれは、『ル・モンド・ディプロマティーク』紙によってトービン税[☆18]を支持して開始されたイニシアティブ、とりわけＡＴＴＡＣ（市民を支援するために金融取引への課税を求めるアソシエーション[☆19]）のような組織によって擁護されているイニシアティブを最大限の関心をもって見守っているのです。この要求は問題の核心に迫っています。為替市場における各取引ごとに課されるトービン税の論理[☆20]は、金融投機に攻撃を加えるものであり、グローバリゼーションのメカニズムの中枢に手をつけるものです。そして、このトービン税はさらに、現代世界の権力の中核、すなわち、金融権力への攻撃へと波及していくことになります。今日の世界権力の中枢は、ホワイトハウスにもワシントンにもＥＵ本部のブリュッセルにもありません。実際の権力は金融資本によって握られています。トービン税やATTACがやっているように、この金融資本に対決することは、世界の略奪に反対することです。この略奪は、先住民であるわれわ

☆18 「資本移動の全面的な自由は民主主義を不安定にする。だから、それを抑止するメカニズムを設けることが重要になる。そのうちのひとつがトービン税である。この名称は、この税を一九七二年以降提唱してきたアメリカのノーベル経済学賞受賞者のジェームズ・トービンにちなんでつけられた。それは、為替市場を安定化させると同時に国際社会への税収を確保するために、為替市場でのすべての取引にごくわずかの税金をかけるものである。トービン税を〇・一%の税率すると、一年で、今から来世紀初めまでの極度の貧困を抜本的に解消するための年間必要総額の二倍以上の一六六〇億ドルの資金を毎年、確保できることになろう。多くの専門家は、この税の実施がいかなる技術的困難をも伴わないことを証明している。その実施は、現行システムに対する対案が存在しないとたえず言い続けているすべての人びとの自由主義的信条を失墜させることだろう。非政府的組織、ATTAC（市民を支援するために金融取引への課税を求めるアソシエーション）を全世界的規模で組織してはどうだろうか。ATTACは、労働組合および文化的、社会的、エコロジー的目的を掲げた諸団体と連携することによって、各国政府が世界的な連帯課税の実施を最終的に要求するよう、政府に対して市民的圧力を行使する強大なグループとして行動することができるだろう」。*Le Monde diplomatique*, décembre 1997.

☆19 *ATTAC, Contre la dictature des marchés*, Paris, Syllese, 1999. 参照。詳しくは，www. attac. org またはATTAC JAPANのメール・アドレス（attac-jp@jca.apc.org）に問い合わせること。

☆20 トービン税については次のものを参照すること。François Chesnais, *Tobin or not Tobin. Une taxe internationale sur le capital*, Paris, L'Esprit frappeur, 1998.

れがここメキシコの地で五百年以上も前に溯る一四九二年の征服以来、受け続けてきたものです。世界は今日、グローバリゼーションの進行につれてそれに匹敵する略奪を経験しています。なぜなら、このグローバリゼーションは、公的なものや集団的なものすべての民営化を、そしてまた知や知識のような共有財産の民営化を意味しているからです。この民営化は、人間のゲノムをブロック共重合するようになって以来、人類の未来をも脅かすようになっています。人びとは生命の民営化に向かっています。現にある世界それだけにとどまらず、あり得る世界の将来をも民営化するのです。

――グローバリゼーションの問題は一見すると先住民の大義のための闘いから大きくかけ離れているかのように思われるますが、サパティスタはこのような側面に対しても闘うのでしょうか。

マルコス――もちろんです。マスコミは、特にメキシコでは、しばしば、サパティズムの中の、武器、ゲリラ、目出し帽、マルコス……などといった枝葉末節のことしか取り上げません。さらに、もうひとつの政治参加方法に関するわれわれのいっさいの考察、トービン税や参加型民主主義に関するわれわれの分析を軽視します。彼らは、社会運動としてのあるいは経済的、社会的、文化的問題に関心を寄せる組織としてのサパティズムにはそれほど大きな重要性を付与しません。しかしながら、サパティズムは、抵抗であるだけでなくて、同時に、ひとつの選択を、すなわちもうひとつの世界が可能であるという確信にもとづいて別の異なる人間関係を建設できるというその可能性を表わしているのです。

オルターナティブを提起する

――「もうひとつの世界が可能である」というこの考え方はまさに、二〇〇一年一月のポルト・アレグレでの世界社会フォーラムの中心的スローガンでした。あなた方がこのフォーラムの活動をインターネットで注意深く追跡されたことと想像していますが、そこでの出来事をどう分析しておられるのか聞かせてほしいのですが。

マルコス――いいですか、マルコス副司令官が常にインターネットを接続し、ウェブ上をたえずナビゲートしているという神話を信じる必要はないのです。われわれがジャングルの中で生活しているということをよくご存知でしょう。そこには電気はありません。電話もありませんが、何とか情報を得ています。そして、実際に私はポルト・アレグレで何が行われたかについて多くの情報を得ました。世界社会フォーラムに連帯する短いメッセージを書きましたが、このメッセージを送りたいと思ったときには、フォーラムはすでに終わっていたのです。

――インターネット上のこのフォーラムのウェブサイトの案内ページに、防寒帽を被ったあなたの写真が掲載されました。サパティスタの人びととその闘いに対する連帯の意思表示としてです。そして、一時はあなたがフォーラムに参加することになっていてポルト・アレグレにやって来るという噂が流れていました。

マルコス――主催者が私に航空券を送るのを忘れたのです（笑い）。われわれは、ポルト・アレグレでの世界社会フォーラムを「下からのネットワーク」となるべきものの試金石だと見ています。メディアに強い影響を及ぼす抵抗運動のみが、あるいはサパティスタのように現時点で武力に訴えざるを得ないような運動のみが、知られるようになることは許されないことです。そうなると、われわれは、事実上、出口のない、勝利か死かという二者択一に陥るしかないからです。この意味で、ポルト・アレグレでのフォーラムは、下から展開されている別のさまざまな経験を伝えることに役立ちました。世界の主人たち、首脳だけが集まったダボスでのフォーラムとは違って、ポルト・アレグレでは底辺の人びとが結集し、自分たち自身の経験を知らせたのです。ポこれによってまた、グローバリゼーションに反対しているすべての人びとが、自分たちだけではないと確認することもできました。自分たちだけが抵抗しているのではないし、自分たちだけがオルターナティブの計画を提案しているわけではないのです。ポルト・アレグレのフォーラムはこのような認識をもたらす上で第一級の意義をもつものでした。別の側面からすると、それは運動が、一つのインターナショナルに、一つの指導的中心に、世界権力に対するある種の公式のオルターナティブに、変質してしまうという過ちを防いだのです。したがって、ポルト・アレグレのフォーラムはきわめて控え目に次のように述べることによって自己紹介を行なったのです。「ここにわれわれは結集し、ここにわれわれのささやかな経験があります。知っていますか」というわけです。そして、それを通じて、やり取りに、対話に、相手の話に、耳を傾け、自らも話すということが生れます。こうしたさまざまなやり方を通じて、経験全体が強められます。われわれの見解では、グローバリゼーションに対する抵抗の歴史におけるポルト・アレグレの影響は、一九九四年一月一日の影響よりも、シアトルの影響よりもかなり大きいものがあります。なぜなら、ポルト・アレグレは、常に左翼を限界づけているもの、すなわち常に反対、反対ばかりを主張するが何も提案せず、オルターナティブを提起しないという限界を左翼が乗り越えざるを得なくするだろうからです。

経験の交換という豊かさ

――その意味では、サパティズムは、ラテンアメリカの先住民全体にとって一つのオルターナティブを代表することができると思いますか。

マルコス――サパティズムというのは、従うべき模範というよりもむしろひとつの兆しなのです。一九九四年一月の蜂起は、ラテンアメリカ人民の一部が密かに消滅させられていくという論理を受け入れるのを拒否することを意味しています。サパティズムが他国の先住民になすべきことを指示するような規範をもっているわけではありません。むしろ、われわれは社会の片隅に追いやられ、社会から排除されているのだという同じ感覚を共有しているのです。というわけで、抵抗の意志がわれわれに次のように言わせるのです。われわれは、世界がわれわれ抜きで続いていくことを望まないのだ、われわれは消滅することを望まないのだ、と。だが、われわれはまた、現にあるがままのわれわれでなくなることも望んでもいないのです。これはわれわれが相違していることを確認するひとつの過程なのです。ラテンアメリカの先住民の闘い、それは次のことを確認したいとする願望なのです。すなわち、われわれは新しい歴史、世界の歴史に参画したいと望んでいること、われわれには言うべきことがあり、こうあるべきだとするわれわれについてのあなた方が好む像そのままになるつもりがないし、われわれは社会的序列の中で人の価値がその購買力と生産力によって決定されるような主体と化してしまうことを望まない、と。

――サパティズムがエクアドルやブラジルやチリの先住民の覚醒に貢献することがで

きたと思いますか。

マルコス――エクアドルやブラジルやチリのマプーチェの先住民の運動の復活は、厳密な意味では、覚醒ではありません。それらの先住民は眠っていたわけではありません。起こっていることは、グローバリゼーションという枠組みのもとで、先住民の運動がひとつの異なった性格を帯びるということなのです。今日、現地の闘争は不可避的に国際的なものになります。少なくとも、その影響は国際的です。別の歴史的情況のもとにあるならば、一九九四年一月一日のサパティスタの蜂起も、エクアドルの先住民の現在の反乱[★21]やチリのマプーチェの運動もさらにはブラジルの先住民や土地なき農民の抗議運動も、この地球の権力中枢から遠くかけ離れた純然たる地域の運動とみ

★21　二〇〇一年一月、南米エクアドルの先住民は、自国通貨を廃止して米ドルに切り替えようとする政府の方針に反対して、国会を占拠し大統領の退陣を促した。この先住民運動高揚の前史として、一九九〇年代以降、先住民族の共同体的土地所有を廃止する法律の制定や生存権と生態系を脅かす資源採掘に反対する、反グローバリズムの運動があった。

なされたことでしょう。それらは国際的レベルでは知られていなかったでしょう。今では状況がちがっています。これらの運動が、株式市場や投資家の心理に影響を与えることによって、全世界のマスコミに衝撃を与えています。そして、これが結局は世界の街頭や家庭に影響を与えているのです。以上すべては同時に、グローバリゼーションの枠組みのもとで、より大きな連帯の感情をも作り出しています。全世界中で、ますます多くの人びとがこれらの闘争と一体化し、それらを自分のものとみなし、それらの闘いと自らの独自の要求とを結びつけているのです。

――サパティズムは兆しであるとあなたが言っているのはこのためなのですね。

マルコス――そうです。サパティズムは、グローバリゼーションの時代に、われわれを脅かしていたもの、現に脅かしているものを表わす兆しなのです。そして、これは同時に抵抗の全般的過程のひとつの側面なのです。サパティズムの具体的な歴史全体を本当に知るならば、サパティズムがもうひとつの可能な世界、別のオールターナテイブの構築のメカニズムにも参画していることが分るでしょう。サパティズムは閉じこもりを意味するものではありませんし、人民相互を厳しく分離する水も漏らさないような水密隔壁のようなものを再建することをけっして望んではいません。それはまた、インディオが（ヨーロッパ人によるアメリカ大陸の）発見とその土地の征服以前の状態に戻ることを望んでいるわけでもありません。サパティズムが追求しているのは、自らのアイデンティティもその文化的価値を失うこともなく、とりわけ異なるさまざまな経験の交換という豊かさを失うことなく、各国社会に、そして国際社会内に溶け込んでいくというあり方なのです。

——たとえばここチアパスで、インディオのコミュニティーが国際的経験をいかに摂取し、他地域の闘争を鼓舞するような経験を自分たちの側がどの程度形成しているのでしょうか。

マルコス——われわれは現在生み出されているものを大きな期待をもって眺めていま

す。一九八九年のベルリンの壁の崩壊に引き続く世界の進歩的勢力の一時的な志気阻喪状態の後に、そしてまた大金融権力の支配の後に、現在、ある種の広範な集団的覚醒を見ることができます。われわれがこの全般的覚醒に寄与してきたことについては疑問の余地がありませんが、われわれ自身もそのことにとても驚いています。恵まれた情況にあるか否かにかかわらず、情況がわれわれを、われわれサパティスタを、何かの始まりとして提示することになったのです。われわれは、そうではなく、始まりは今後まだこれから作り上げるべきものであり、それはとりわけシアトルとポルト・アレグレの世界社会フォーラムとヨーロッパやアジアやアフリカなどにおける抵抗のさまざまなイニシアティブと関係していると考えています。

以上すべての闘いは、形成されつつある別の抵抗に対するひとつのオルターナティブを提供しています。別の抵抗ということで私がここで念頭においているのは、宗教的なものであれ、過激な民族主義的なものであれ、原理主義的タイプの抵抗のことです。これらの抵抗はグローバリゼーションとも対立していますが、それはエスニック的、文化的、言語的、宗教的基盤を規範とすることによってグローバリゼーションに対立しているのです。この原理主義自身もまた、ひとつの世界の建設を主張していますが、それは群島の中に存在する小さな島から成るひとつの世界であって、そこでは各地区の実力者が支配者であり、その実力者がすべての人の王になっているのです。ここで私が念頭においているものとは、少し前まではアジアと近東に限られていたようですが、今ではヨーロッパやアメリカ合衆国にも広がっている宗教的原理主義運動のことです。これらの運動の中にはファナティックで過激な民族主義運動が見出されます。こうした運動は、自分たちの価値観という名のもとに人を殺傷するテロ襲撃を犯す可能性があり、グローバリゼーションに対するまったく愚かしい、独断的で非理性的な反撃を提案しています。これらのファナティックな人びとは、全世界の群島の中のこのちっぽけな小島では、自分と同類の人びとしか住むことができないのだ、と主張しています。そして、この「自分と同類の人」とは多くのことを意味しており、皮膚や眼や髪の毛の色のような変更不可能な身体的特徴を意味するだけでなく、エスニック的出自や言語や宗教などをも同時にそれとなく意味しているのです。この宗教的、民族主義的ドグマティズムは、ときとして自分たちがグローバリゼーションに対する抵抗の形態であると主張することもありますが、不寛容と反啓蒙主義とセクト主義の表れにすぎません。

——どうすればこの種のエスニック的、民族主義的原理主義に陥るのを避けられるでしょうか。

マルコス——グローバリゼーションに抵抗する運動はかみそりの刃先の上をたどるように非常に不安定な形でゆっくりと進んでいます。この刃先が新しい世界へと続く大通りに変わるよう刃先を広げなければなりません。一方にはグローバリゼーションの側からする運動を骨抜きにしようとする試みがあります。たとえば世界の支配者たちが言っているように、抗議に立ち上がっている一部の人びとを取り込もうではないか、分け前の一部を与えようではないか、というわけです。他方では、ミロシェヴィッチなどの極端な民族主義者がいます。グローバリゼーションによる懐柔も過激な民族主義的急進主義も、どちらの選択もまやかしです。どちらも偽りのオールターナティブであることをわれわれは承知しています。なすべきことは次のようにすることによってかみそりの刃先を広げることです。すなわち、グローバリゼーションとそのいっさいの蛮行を支持するのかそれとも民族主義的、宗教的な原理主義とそのいっさいの暴力を支持するのかという形で二つの極端な道だけが唯一の選択肢として提起されるのを阻止して、グローバリゼーションに対する世界の進歩的運動の前進を可能にするような場を切り開くことが必要なのです。

戦争は絶望的な手段である

――暴力に対するあなたの関わり方はきわめて特異なものがあります。あなたはゲリラを指揮しながら、同時に、ある場合には、非暴力を体現しています。サパティズムは、テロ襲撃をけっしてないことがなく、人を暗殺したこともなく、爆弾を仕掛けたこともけっして行なったことがなく、人を暗殺したこともなく、爆弾を仕掛けたこともけっして要求していません。反対に、それは、チアパスとインディオがメキシコ国家によりうまく組み入れられるよう要求しています。では、EZLNはどのようなタイプのゲリラを展開するのでしょう。

マルコス――先住民は最も忘れられ、貧しい人びとの中の最も貧しい人びとなのですが、EZLNは全メキシコ国民の民主主義と自由と正義を要求するために武装蜂起したのであって、単に先住民のためだけに蜂起したわけではありません。われわれは独立を望んでいません。われわれはメキシコの不可分の一員となることを、メキシコ系インディオになることを望んでいるのです。ＥＺＬＮは軍隊として組織されており、軍隊であると認められるためにすべての国際的規約を尊重します。われわれは国際条約や戦争法を常に尊重してきました。われわれは正式に戦闘布告を行ない、識別可能な軍服と階級とその記章を身に着け、民間住民と中立機関を尊重します。ＥＺＬＮは武器を携帯し、軍隊の階級制と軍隊的規律を備えていますが、けっしてテロリズムに訴えたり、テロ的襲撃を行なったりはしません。ＥＺＬＮが闘いを通じて目指しているのは、民主主義と正義と自由を要求するためにもはや地下にもぐったり武装したりする必要がなくなるような事態なのです。われわれは消滅するために闘っているのだと言っているのは、こうした理由からです。[★22] さらに、武器によって権力を握った者はけっして統治してはならないとわれわれは考えています。武器と力で統治する危険があるからです。自分の思想を押しつけるために武器に訴える者は常に思想的にもきわめて貧困です。

――あなたはどこかで「戦争は絶望的な手段である」と書いていますね。

マルコス――はい。われわれは戦争の信奉者ではありません。戦争とは、絶望的になっているときに、もはや他に解決策がないときに、下される決定なのです。われわれは武装蜂起するために一〇年間準備してきました。武器を手に闘うために、われわれは一〇年間、とても厳しい訓練を受けてきました。だが、実を言えば、われわれは、いつの日か兵士がもはや必要でなくなるようにするために兵士になった戦闘員なのです。われわれは、もう兵士がいなくなるようにするための兵士なのです。われわれはこの自己消滅への道を、自身が消滅する運命にある職業の道を、選択しました。われわれは武装闘争を、一九六〇年代のゲリラが考えていたように、唯一の道、唯一の手段、いっさいを決定する唯一の真実であるとは、思っていません。われわれにとって、武装闘争は、変化し、進化していく一連の闘争形態のひとつの段階なのです。だが、この段階を超えて進むことができます。というのも、戦争は実際には絶望的な手段だからです。それは、政治と自らの社会的諸条件と女性の待遇と自らに対する人種差別主義に絶望している人びとが採用する手段なのです。そして、これらすべての絶望した人びとが、われわれがしたように、自分たちの絶望を結集して自らを組織するとき、すべてが可能になります。この絶望の集積から大きな希望が生れる得るのです。ポール・エリュアールの詩がほぼ同じことを唱っていますが、「幸福になるには、ただ物事

★22　武装蜂起をしたサパティスタは、軍事至上主義に陥ることなく、軍隊と戦争を廃絶できる未来像をつねに語る。たとえば、次のように。サパティスタ民族解放軍がもつ希望は「権力がほしいという希望でもなければ、ほんの一握りの人びとの利益を叶えるという希望でもありません。正義と民主主義と自由を伴なった平和への希望です。その希望のために、私たちは兵士になったのです。未来のある日、もう兵士など必要でなくなる日のために。この世から消滅することが目的であるかのような、この自殺的な仕事を私たちは選んだのです。兵士、それは、もはや誰ひとりとして兵士とならなくてもよい日のための兵士なのです」（サパティスタ民族解放軍著、太田昌国・小林致広編訳『もう、たくさんだ！　メキシコ先住民蜂起の記録①』、現代企画室、一九九五年）

を明確に理解して闘うだけでよい。そうすれば天上をめざして登り始めることができる」と。

——人はときとしてあなたを急進的な社会革命の実現のために権力獲得を夢見るゲバラ主義的タイプのゲリラにたとえてきましたが。

マルコス——われわれは、自由、正義、民主主義の三つを要求しています。そして、われわれがとりわけ望んでいるのは平和です。繰り返しますが、われわれは権力も、政党になることも望んではいません。そんなものはもうたくさんです！　われわれは先住民の権利が認められることを望んでいるのです。そして、われわれは交渉の道によってそれを要求しているのです。大統領宮を攻撃することも、白人たちを片づけることも望んではいません。われわれの望んでいるのは、自分たちの統治形態のもとでわれわれを平和に生活させてほしいということです。われわれは原始共産主義への回帰を望んでいるわけではありません。急進的な平等主義的体制の樹立を望んではいません。それは、結局のところ、少数の政治的エリート集団——左翼であれ右翼であれ——と窮乏化する社会の多数派との間の差別を覆い隠すものです。われわれが望んでいるのは、社会の各部分が、とりわけ、先住民のコミュニティが苦難を脱する手段を手にすることです。われわれは、施しも贈り物も求めていません。インディオとして、われわれはメキシコ社会の内部でわれわれ独自の異なる現実世界を建設できることを望んでいるのです。

——EZLNを革命運動であると位置づけているのでしょうか。

マルコス——われわれはむしろそれを社会変革を要求する反乱運動だと位置づけています。革命運動や革命の指導者はすべて政治指導者や政治的主役になりたがるという傾向をもっていますので、「革命的」という用語は適切ではありません。これに対して、社会反乱はあくまでも社会反乱であり続けます。革命家は常に上から変革することを望みますが、社会反乱は下から変革することを望みます。革命家は、「権力を取って世界を上から変革する」と考えます。社会反乱はそれとは異なるやり方をします。それは、大衆を組織し、権力獲得の問題を自らの任務とすることなく、下から出発して少しずつ変革を行なうのです。

ＥＺＬＮは厳密に定義されたイデオロギーをもたない蜂起運動です。それは、マルクス＝レーニン主義や社会的共産主義やカストロ主義やゲバラ主義などといった古典的な政治的ケースのいずれとも合致しません。革命運動も、また革命派も、結局のところ恣意的な運動だとわれわれは考えています。武装運動がなすべきは、問題――自由の欠如、民主主義の不足、正義の不在――を提起することであり、そのことを成し遂げた後には消滅することです。現在われわれがしようと試みているようにです。

プラン・コロンビアとは何か

――この点で、あなた方はラテンアメリカの最近のゲリラとは、そしてとりわけ、コロンビアのゲリラとは、大きく異なっています。現在、アメリカが支援している「プラン・コロンビア」と呼ばれているものについてはどう分析していますか。

マルコス――われわれは、「プラン・コロンビア」に対して今日までなされてきた批判的分析には同意していません。一般的に、こうした分析は、一九六〇年代の典型的なシェーマと民族解放運動の時代に立脚したものです。その分析はおおむね次のように言っています。民族解放運動――コロンビアの場合、基本的に、FARC（コロンビア革命軍）とELN（民族解放軍）――に直面して実際の権力、この場合はアメリカ、がベトナム化計画をもって対応しました。すなわち、大きな経済的圧力、顧問団、軍事基地、それから、米軍がコロンビアを実効支配するほどまでの介入のエスカレーションといった具合です。

この種の分析は間違っているとわれわれは考えています。プラン・コロンビアの目標は、橋頭堡を建設するよりもむしろ、ラテンアメリカを地理的に再編することにあります。米国の南側の国境を南の方にずらすことです。これこそが、ビセンテ・フォックスが支持しているプエブラ・パナマ計画の目標なのです。

――プエブラ・パナマ計画とはどういうものでしょうか。

マルコス――この計画の目的は、中米の地理的概念を拡大し[☆★23]、それをパナマの国境からメキシコのプエブラの町とテワンテペク地峡に至る地域にまで拡張することです。その口実は、コロンビアを産地とする麻薬のルートが米国内に入る前に中米とメキシコを通っているので、この麻薬取引と闘うためだということになっています。だが、麻薬取引や犯罪について言うと、犯罪者はもはやかつてのような形をとっていません。

アルカポネや伝統的マフィアは、小説や映画には不可欠ですが、今日の本当の犯罪者、麻薬取引を実際に操っている連中は、ネクタイを締め、アルマーニの服に身を包み、最も有名な建築家の名前を刻んだ建物の中の現代風デザインのオフィスにおさまっているのです。

――公式には、プラン・コロンビアは、コロンビアの農民が別の農業食品生産へと転業するのを助けることによってコカの栽培をなくすことを目指すものだということに

☆23　伝統的に中米は五カ国で構成されてきた。すなわち、北から南へ、グアテマラ、ホンジュラス、エル・サルバドル、ニカラグア、コスタリカである。中米地峡に位置する他の二カ国、ベリーズとパナマは、中米の地政学的概念には含まれない。★フォックス大統領は「プエブラ・パナマ計画」で次のように計画していることを明らかにしている。メキシコ南部および南東部を形成する諸州（プエブラ、ゲレーロ、オアハカ、ベラクルス、タバスコ、カンペチェ、チアパス、ユカタン、キンタナ・ロー）には二七〇〇万五〇〇〇人が住むが、その貧困と周縁化とたたかい、統合的な発展をめざす。その際に、中央アメリカ七カ国（グアテマラ、ベリース、ホンジュラス、エルサルバドル、ニカラグア、コスタリカ、パナマ）政府と行動計画を調整し、双方の地域の経済的統合の強化を図る。具体的には、1道路網、橋、港湾、空港、鉄道、水力発電所、石油コンビナート、新しいエネルギー資源の建設と開発。2中小規模の企業の振興。3農牧・農業の振興・発展。4先住民共同体の統合的な発展。5環境および豊富な生態系の保護。

なっていますが。

マルコス――確かに、麻薬の生産と販売を破壊することが口実になっています。だが、この問題は不可避的にコロンビアから、エクアドル、ベネズエラ、さらにはブラジル、ペルーにまで移っていくでしょう。[☆24] アメリカがコロンビアにねらいを定めたのは、大きな社会的基盤をもつ広範な地域を支配しコカの栽培地帯をめぐって互いに争っている二つの重要なゲリラ勢力が存在する国に関心があるからです。だが、その主要な目的は、南米の地全体を再編成することです。それは、南米大陸の南部地域を出発点として、一方におけるブラジルを、他方におけるアルゼンチン、チリ、ボリビア、ペルー、エクアドルをよりよく掌握することを可能にするある種の大回廊を開設することです。ベネズエラとギアナは、ワシントンにとって、全中米地域とカリブ海地域をまとめあげるひとつの計画の一翼に入っています。

――こうした区分けは、グローバリゼーションが要求し、NAFTA(北米自由貿易協定）や南米南部共同市場（メルコスル）や米州自由貿易圏の存在が物語っている開かれた国境と広大な自由貿易地域というテーゼとは矛盾しているように思えますが。

マルコス――グローバリゼーションを操っている世界の支配者たちは矛盾に陥っています。一方で、彼らは自由貿易へのすべての障害を取り除きたいと考えていますが、他方では、われわれに対して次のようにも言っています。「世界にはまだまだ余りにも多くの不浄なものが存在しているので、全地球的規模の村を作ることはできない」と。それで、彼らは北の発展した中枢への貧しい人びとの流入量を決めるために移民管理地帯を作りたいと思っているのです。メキシコがアメリカにとって移民供給国として脅威となる可能性がありますから、ワシントンは、国境をよりいっそう軍事化する代わりに、国境を南の方へ、テワンテペク地峡の方へずらすこと、メキシコ中央部

☆24　次のものを参照。「プラン・コロンビアの結果、コカの栽培はすでにコロンビアとエクアドルの間の国境を超えて広がっている」。*DIAL*, 15 mars 2001.

にある種の緩衝地帯を設置し、北にたどり着こうとしているすべての貧しい人びとをそこに受け入れて定住させることを提案しています。これがプエブラ・パナマ計画の意図しているものです。米国はまた、北を目指して登ってくるすべての非合法の人びとを捕捉するためのもうひとつの緩衝地帯を中米全体に設置したいと考えています。そして、これは全南米亜大陸の再編成をも含んでおり、プラン・コロンビアはその第一段階なのです。それは、この世界を、生産地域、大消費中枢、新しい一連のバナナ共和国(★25)という三つの地理的地域に編成することです。必要なことは、これらの各地域において、強者から成る少数の集団が、市場の存続と高い支払い能力をもつ消費者集団の存続を保証することです。

もうひとつの世界へ

——それは、いわば、すでに存在する世界の現状にもとづいて、貧者と富者との間でますます顕著になる極端な不平等や分裂を伴う形で世界を編成するということですね。

マルコス——はい。われわれのために準備されている最も完成したモデルは、ブラジルです。ほぼ原材料だけの生産を余儀なくされているこの広大な国には、二つの国民がともに生活しています。一方は、非常に大きな購買力をもつ少数者であり、もう一

★25 一九世紀半ば以降、世界でも有数のバナナ生産・輸出市場となった中央アメリカ諸国は「バナナ共和国」と言われたが、実態は、アメリカ合衆国資本が広大な土地を占有し、生産・輸送・販売の全権を掌握しており、地域全体の政治・経済・社会のあり方を規定するものだった。とりわけ旧ユナイテッド・フルーツ社は、触れるものすべてを絞め殺すタコ「エル・プルポ」の異名をとるほどだった。

方は、ほとんど無きに等しい購買力しかもたない多数者です。

グローバリゼーションは、世界を三つの地帯に分けたいと考えるでしょう。つまり、管理者や経営者の地帯、そして劣悪な賃金の多数の労働力を使う組立工場と企業の地帯、もう一つは「植木屋」の地帯です。最もつらい仕事をして、鉱山で原材料や基礎農産物を生産し、最も劣悪な職に就いている……これらすべての労働者を、私は「植木屋」と呼んでいます。以上三つの地帯のいずれかに自分の働く場を見つけられないすべての人びとは、余計な者です。これらの人びとは無用な存在で、何の役にも立っていないということになります。したがって、こうした人びとはお払い箱にしなければなりません。そして、そのためには、どのような手段に訴えてもかまわないということになります。体制は必要なときには同情という手段を用いることもありますし、必要だと判断すれば排除にも訴えます。あるいはさらにその心までも操作します。体制は、大きなマスメディアを使って、これらの新しい「飢えたる者」のすべての抗議の評判を落とさせるのです。誰にもその不満が聞こえないようにするためにガラスの鐘を使ってその叫びを圧殺することもできます。だからこそ、その反響が全世界に及んだポルト・アレグレのようなフォーラムがガラスの鐘や沈黙の壁の中でその突破口となるのです。

六、七年前、誰もがわれわれにグローバリゼーションは「不可避だ」と絶えず言い続けていたことを思い出します。すべての人びとがそう言っていました。左翼と呼ばれる知識人さえもそう言っていました。そして、ほとんど誰もがグローバリゼーションに反対しませんでした。今日、事態は大きく変わりました。そして、人びとは、もうひとつのグローバリゼーションが可能であり、もうひとつの世界が可能であることをますます認めるようになっています。グローバリゼーションの最も偏狭で最も底抜けの信奉者となっているイデオローグさえもが、グローバリゼーションが「ある種の行き過ぎ」をもたらすことを今では認めています。それが「我慢できない情況」を作り出しており、「より人間的な」ものにならなければならないとまで言う人すらいるのです。

――ダボスの世界経済フォーラムもまた同じように悔恨の念に駆られていて、二〇〇一年一月の世界経済フォーラムの会議がある程度後ろめたい雰囲気の中で「恵まれない人びととの架け橋を建設しよう」という合い言葉のもとに開催されたのを見ることができました。

マルコス――おそらく「架け橋を建設する」のでしょうが、この橋は金融権力には届くことはあり得ないでしょう！　彼らは、恵まれない人びとが自身に対して割り当てられてきた場所に行くことができるようにするための橋を建設しようとはするでしょう。人びとは次のような二者択一のもとにおかれています。つまり、もはや自身が管理できないような場にそのまま連れていかれるのか、それともグローバリゼーションの中に入るのをやむを得ず受け入れるのか、という二者択一です。トービン税を求める運動をわれわれが支持するのはこのためです。われわれは、自らの立場の方がより急進的だと称してトービン税が資本主義には手をつけないわずかな改革だと主張する諸団体と論争しており、われわれはそうした団体とは大きく意見を異にしています。われわれは、トービン税を強制することが金融権力への正面攻撃であり、金融天国への挑戦、第三世界の債務への挑戦である、と考えています。そして、これらは今日の闘争における三つの主要目標なのです。

──あなたはトービン税と対外債務の問題とを結びつけましたが、ほとんどの諸団体はあえてそのようには関連づけて考えていませんね。

マルコス──われわれはこれら二つの要求をつなげることができるでしょう。なぜなら、そうすることによって貧困国にのしかかっている、金融投機と対外債務という二つの最も深刻な脅威を軽減することになるからです。もしトービン税が成立すれば、この税から得られる最初の資金によって貧困国の対外債務を支払うことができるようになることがまったく容易に想像できます。富裕国は、単純明快なひとつの選択に直面しています。すなわち、債務を潔くあっさりと帳消しにするのか（そもそもこの債務を貧困国は支払うことができないし、支払わないでしょう）、それとも、その資金によって少なくとも債務の一部を支払い、その結果として貧困国の負担を軽減することができるトービン税の導入を受けいれるのか、という選択です。

丸い地球には隅がない

——二〇〇〇年七月二日にＰＲＩ（制度的革命党）を最終的に打ち破ったのはサパティズムであると思いますか。

マルコス——七〇年以上もの間、政権の座に就いてきたＰＲＩを二〇〇〇年七月二日に打ち破った勢力の陣営にわれわれが与みしたことは明白です。メキシコでは、その戦闘性の度合いはさまざまに異なりますがＰＲＩに対する一連の抵抗勢力が存在していましたし、そのうちのひとつがサパティスタ民族解放軍でした。ですが、根本的には、ＰＲＩに対する勝利者は、組織されていない社会でした。この未定形で組織されていない社会が、二〇〇〇年七月二日の選挙の開催を利用して、大統領の再選を勝ち取るためにエルネスト・セディージョ大統領政府とＰＲＩによって展開された大規模な不正選挙キャンペーンに対決し、「反対！」の意志を表明することを決意したのです。この社会が正確に何を主張しているのかはまだ明らかではありません。この問いに対する答はなお今後の問題として残されたままです。この「反対！」の意味するものは、おそらく、右派への支持でもＰＡＮ（国民行動党）やビセンテ・フォックス共和国新大統領への支持でもないでしょう。

――メキシコではＰＲＩの歴史的な敗北の衝撃の影響がまだ続いています。サパティスタ「司令官たち」のメキシコにおける行進のイニシアティブのように、ＥＺＬＮはこの特殊な局面のためにどの程度、新しい政治的イニシアティブを開始することができたのでしょう。

マルコス――この国は、PRIの権力の崩壊を出発点にして何か新しいものを建設したいと願っています。そして、われわれの側も、現局面においてわれわれ以外の社会の人びとといっしょになって先住民がひとつの空間を建設することができる、と考えています。われわれは、メキシコにとってのこの新しい計画に覇権的位置を付与することを望んでいませんが、歴史が繰り返されて、われわれが立ち遅れて歴史の後からついていく……ままに留まることも望んでいません。われわれは反乱を起すことに誇りを抱いています。われわれは、不公平な体制に対してだけでなく、物乞いの役割をわれわれに割り当て、施し物を与えるためにだけわれわれに手を差し伸べる体制に対しても、反旗を翻したのです。今や、われわれが自らの尊厳ある場を築き、先住民としての自らの資格でより公正でより連帯に満ちた国民国家の建設に有益な役割を果たすべきときだと思います。この計画でわれわれの場が最後になるといういかなるいわれもないのです。社会の中の最も役立たない存在、最後尾になることをわれわれは望んではいません。国家再建という新しい地理の中で自らが尊厳ある空間を占めることを望んでいるのです。現在のグローバリゼーションの中では、世界は碁盤の目のように仕切られ、その中で従順でないマイノリティーは片隅に追いやられるようになります。連中はそうした存在を隅に置きたがるのです。だが、意外にも地球は丸いのです！　そして、球形の特徴のひとつはまさに隅がないことなのです。先住民や厄介な人びとをお払い箱にし、まるで人目につかないようにごみ箱を片隅に隠してしまうように、そうした人びとを隅に追いやるための片隅がもはやまったくなくなることをわれわれは望んでいます。

――一九九四年以来初めてチアパス州のラカンドンの森から外に出て、メキシコを行進することは、サパティズムにとってひとつのサイクルの終りを表わしてします。この行進が妙案であると考える人もいますし、あなたや二三人の司令官たちが死の危険を冒しているのだとの評価を下す人もいます。どうしてこのような行進を組織すると決断したのですか。

マルコス――行進は無謀なものでした。ですが、二〇〇〇年七月二日以降、別の国、別のメキシコが存在していると思います。ですから、われわれには以前と同じ態度を取り続けることはもはやできなかったのでした。国では全面的な討論が行われていました。選挙結果を分析してみましたが、それはメキシコ社会がより政治化し、よりよく情報を与えられ、政治への参加をよりいっそう望むようになっていることを明らかにしていました。われわれは基本的にこう考えました。すなわち、全メキシコ社会は、国際社会全体と同様に、先住民の現在の状況が耐え難いものであり、それを正さなければならないと確信している、と。その結果、多くのさまざまな状況がひとつに収斂する時機を迎えており、こうした情況はメキシコ国民が先住民に対して負っている負債の返済をついに可能にすることでしょう。メキシコ国民がさまざまな民族によって形成されているということを理解するならばそうなるのですが、ファレス[☆26]政府以来のすべての連邦政府は、これとは正反対のことを主張してきました。歴代政府にとって、それは基本的にメスティーソ（混血）によって形成される国民であるということになります。そうではありません。それはさまざまな民族によって形成される国民なのです。

☆26　ベニート・ファレス（一八〇六〜一八七二）。メキシコ共和国の大統領になった唯一のインディオ。ナポレオン三世が送り込んだフランス軍や、フランスがメキシコ皇帝として強引に送り込んだオーストリアのマクシミリアンと闘って勝利した。共和国を復興し、メキシコ国家創設の父の一人とみなされている。

貧者の、そしてすべてのインディオの行進

――この行進の主要な目標は何でしたか。

マルコス――この行進は、マルコスの行進でも、ＥＺＬＮの行進でもなく、貧者の、そしてすべてのインディオの行進でした。行進は、恐怖のときが終わったことを示したいと望んだのです。われわれの主要な目標は、先住民が集団的権利主体であるという点がメキシコ議会によって承認されることでした。メキシコの憲法はインディオを認めていません。われわれが望むことは、メキシコが異なるさまざまな民族によって構成されているということを国家が認めることです。これらの先住諸民族が独自の政治的、社会的、経済的組織を保持していることを認めるべきです。そして、これら先住民族が土地や自分たちの共同体との、そして自らの起源や歴史との間の強い結びつ

きを保持していることを認めるべきです。われわれは排他的な自治を要求してはいません。われわれは何らかの独立を求めているわけでもありません。われわれはマヤ国家の誕生を宣言したり、国を複数の先住民の小国家に分割したりすることを望んではいません。われわれが望んでいるのはメキシコ社会の重要な一翼を構成する権利を国が承認することであり、社会のこの部分は、独自の組織形態をもっていて、これらの形態が正当であることを認めるよう要求しているのです。われわれの目標は平和です。それは、みせかけでない対話にもとづく平和です。対話によって、チアパスの再建の基礎の建設とEZLNの通常の政治生活への復帰の促進が可能になります。平和は、先住民の自治が認められる場合にはじめて可能になります。この承認は、EZLNが武器と地下活動を決定的に放棄して政治生活に公然と参加するとともに、グローバリゼーションに反対する闘いに全力を傾注することができるようにするためのひとつの重要な条件です。

――この行進のような大胆なイニシアティブに対して社会はどのよう対応したと思いますか。

マルコス――社会は、先住民が独自の地位を占めるために闘っていることを理解しました。われわれは、自分たちが観客であることを、あるいは誰かがわれわれの代わりにわれわれの問題を解決してくれることを、もはや望んでいません。今やその機会が来ました。行進は、先住民の状況を政治の舞台で明らかにしただけでなく、ＥＺＬＮに、サパティスタに、武装し覆面したゲリラに、扉を開きました。それはついに、誘惑や「魅力」に負けるようなやり方でも防寒帽によって遮られるやり方でもない形で、政治に関わる可能性をサパティスタに与えることになりました。われわれにとって、チアパスの山岳地帯で覆面をして孤立したままにとどまっているかぎり、われわれの政治的計画も限られたものにとどまります。いずれにせよ、われわれは、自らを制限する何かではなくて、自らを前に投げ出してくれる何かを望んだのです。われわれが目撃したように、すべての人がこの行進を支持したわけではないのもそのためでした。われわれが出発を発表したときのメキシコの右翼と大金融勢力の反応は、われわれが見たとおりです。こうした連中は次のように言いました。「連中が山を出て白昼出現するようなことになると、連中への対処法が見つからなくなるだろう。そして、連中は素顔で堂々と政治に関わることになるだろう。問題は防寒帽ではない。問題は、連中が白昼出て来ることをわれわれが望んでいないという点なのである。われわれは和平協定を結ぶようになることを望んでいない。連中がマスコミに登場したり、記者会見を行なったり、インタビューを受けたり、支援キャラバンを組織したりするのは構わない。だが、連中がメキシコ市にやって来て政治に関わることだけは絶対だめだ。連中の計画はわれわれのルールを妨げるからだ。われわれはサパティスタが白昼政治に関わることを望んでいない。われわれは平和を望んでいない。彼らを軍事的に退けるには余りにも高くつきすぎることには同意するが、いずれにせよ長年の間に連中がきっと政治的に枯渇してしまうだろうということは保証してもよい」。

――けれども、ビセンテ・フォックス大統領は「全国民」がこの行進を支持するよう訴えました。フォックス氏の熱意にあなたは閉口したのでしょうか。それは行進を政治的に懐柔しようと望むものだという疑いを抱きましたか。

マルコス――大統領は、サパティスタの行進をわがものにしようと試み、それを「フォックス派の行進」として描き出そうとまでしました。この戦略は、平和がほぼ達成されていること、そして、もし和平協定が結ばれないとすればそれはもっぱらサパティスタの誤りのせいだということをすべての人に納得させようとすることによって、EZLNに圧力をかけることを目指すものでした。これはある種の恐喝でした。フォックス氏はEZLNの無条件降伏を追求していたのです。

別の政治関係を建設すること

――メキシコでのあなた方の行進は権力を求める行進だったのでしょうか。

マルコス――われわれの目標は、われわれがしばしば述べているように、権力の獲得ではありません。権力の場が今後空虚なものになること、そして権力のための闘いが虚構のための闘いであることも、われわれは承知しています。グローバリゼーションの時代に必要なこと、それは権力と市民との間の新しい関係を打ち立てることです。もし和平が結ばれるならば、EZLNは今日までしてきたような政治への関わりをやめるでしょう。われわれは、目出し帽を被らず、武器を携帯せず、同じ思想のために、まったく別のやり方で政治に関わるでしょう。なぜなら、われわれは、われわれがある種の鏡であって、われわれ以外の世界の抵抗運動をわれわれの流儀で反映している

上――2001年３月９日、首都近郊のサンパブロ・デ・オショトテペックの集会で住民との対話に臨むサパティスタの司令官たち。手を挙げているのがマルコス副司令官。
左――同３月10日、首都近郊のソチミルコの集会で。

EZLN
GH

上——同３月10日、首都のソカロ広場の集会で、登場したサパティスタにＶサインで応える参加者たち。
左——同３月19日、首都におけるサパティスタの宿舎（ENAH＝国立人類学歴史研究所）での記者会見。覆面をした左から、セベデオ、ダビド、マルコス、タチョ。右端は手話通訳者（写真はいずれも永倉哲郎氏撮影・提供）

ことを知っているからです。われわれ自身が他の闘争と連帯していると感じているのは、まさにそのためです。たとえば、ホモセクシュアルや、レズビアンの闘争など、あらゆる種類の迫害や差別の対象となっている人びとの闘争があります。あるいは、人種差別主義的政策に直面している移民の闘いもあちこちに存在しています。迫害し、差別する側は、人びとが自分たちの特性、肌の色、その出身地と誕生国を捨てることを望んでいるのです。この肌の色で、その地にこのようにして生れることが罪であるということを人びとに感じさせたいし、さらにその点で人びとを抑制する必要があると考えているのです。

——数年前、あなたは自分が書いた文章のひとつで、メキシコでの行進に関するあなた方の意図が何であるのかを発表しました。それによると、われわれが今日知っているようなサパティズムは消え去り、普通のひとつの党に変わることができると述べられています。この計画を今なお保持していますか。

マルコス——はい、われわれが政治組織に変わるためです。われわれは党と組織との間の違いを明らかにしています。われわれの政治計画は、繰り返しますが、権力をとることではないからです。武器によってだけでなく、選挙の道を通じても「クーデター」のようなそれ以外の道を通じても、権力をにぎりません。われわれは自らの政治計画の中で、なすべきことは力関係を覆すことである、と述べています。とりわけ権力の中枢がもはや国民国家の中にはないからです。したがって、国民国家は権力をわがものにするのに何ら役立ちません。政府は、左翼になったり、右翼になったり、中道派になったりすることはあり得ますが、結局、根本的な決定を下すことができません。重要なことは、別の政治関係を建設すること。政治の「市民化」へ向かうことです。最後に、この国家にひとつの意味を与えるもの、それは市民であり、国家ではありません。われわれは、防寒帽なしで、だが同じ考えをもって、政治に関わっていきます。

われわれすべてがマルコスである

――ひとたび和平が結ばれてインディオの権利がみとめられるならば、マルコスは消え去るのでしょうか。

マルコス――ひとたび和平が結ばれると、変わるのは、EZLNのような政治・軍事組織が存在しなくなるということです。この組織は、政治・軍事機構内に存在していた指揮系統関係をもたなくなります。ところで、根本的に、マルコスという人物はこの運動をめぐって形成されたものです。マルコスが語るとき、そこで語っている主体は、ひとつの運動であり、ひとつの集団なのです。そしてマルコスの言うことに力を与え、その重要性を与えているものこそこの点なのです。この運動が変わり、軍隊であることをやめ、政治勢力になれば、もはやいかなるものもこれまでどおりではなくなるでしょう。

そのときにはおそらく、副司令官の文章の文学的質が考えられていたほど良質ではなかったし、その批判的分析もそれほど正当でなかったことなどに、人びとは気づくことでしょう。

政治・軍事組織が消えてからは、マルコスという人物は、彼の周辺の人びととともにその神話性が否定されるようになるでしょう。これは、マルコスが闘うことをやめるとか、マルコスが自分の庭を耕したり、日曜大工に精を出すようになることを意味するものではありません。けれども、マルコスとEZLNを可能にしたすべてのものは劇的に変わるでしょう。たとえEZLNの主要な武器が銃ではなく言葉であったとしても、そうなのです。連中はわれわれが語りすぎると言うでしょう。そして、連中がわれわれを沈黙させたいと望むのもまさにこのためなのです。

――マルコスの将来は何でしょう。

マルコス——マルコスの将来は、ＥＺＬＮの将来と同様に、世界の闘いと抵抗の過程に組み込まれるだろうと思います。マルコスはもはや、「副」でも、スポークスパーソンでも、指導者でも、基準や神話でさえなくなるでしょう。一九九四年一月一日に政治的舞台へのわれわれの突然の侵入によって巻き上げられたほこりは、少しずつ沈殿していくでしょう。そして、このほこりが降り落ちるときには、ひとつの根本的なことが認められることでしょう。闘いのこの全過程において、やはりマルコスはいっかいの戦士にすぎなかったのだ、と。

——レジス・ドブレ[☆★26]が一九九六年にあなたに出した、「いつ防寒帽を脱ぐのか」という質問に対して、あなたは、「共和国のどの場所であろうと先住民が白人と同じ権利を享受できるいつかそのとき、党＝国家体制が終焉し、選挙がもはや選挙違反と同義語でなくなるいつかそのときです」と答えていました。何とも信じられないことに、二番目の条件は、二〇〇〇年七月二日のＰＲＩの敗北とともに不正なしの選挙の過程で確認されました。もし行進後に開始された交渉が成功し、フォックスが信頼できるならば、一番目の条件はまもなく実現されるはずです。私もこの質問をもう一度します。「あなたはいつ防寒帽を脱ぐのでしょう」。

マルコス――ご存知のように、われわれはかつて自分たちの素顔を隠すという決定を行ないました。以前には、人びとがわれわれを見ていなかったからです。インディオは「見えない」、存在しないものでした。逆説的ですが、人びとがわれわれを見て、われわれが見えるようになったのは、われわれが素顔を隠したからです。確かなこと

☆26　Régis Debray,《La gúerilla autrement》, *Le Monde*, 14 mai 1996.　★レジス・ドブレ［一九四二～　］はフランスの哲学者、文学者。一九六〇年代初頭から中盤にかけて、カストロやゲバラとの討論を通してキューバ革命の経験を学び、それに基づいてドブレが定式化した根拠地（フォコ）理論は、ラテンアメリカ武装左翼の多くが依拠するものとなった。ボリビアでのゲバラたちのゲリラ根拠地を訪ねて帰る途中で逮捕、投獄されたが、ゲバラの死後恩赦で出獄、フランスへ帰国してからは当時のミッテラン大統領の外交政策顧問を務めた。一九九六年初頭チアパスを訪ね、マルコスと討論した。最近の著書に『娘と話す　国家のしくみってなに？』（藤田真利子訳、現代企画室、二〇〇二年）がある。

は、われわれができるだけ早く防寒帽を脱ぎ、武器をおくことを望んでいるということです。われわれは、素顔で政治に関わることを望んでいるからです。だが、単なる約束にすぎないものと引換えに防寒帽を脱ぐことはないでしょう。インディオの権利が認められなければなりません。もし権力がそうしなければ、われわれは再び武器をとるでしょうが、それだけでなくわれわれに比べてより急進的より排他的でもっと絶望しているより暴力的な別の運動もまた武器をとることでしょう。エスニック問題は、ここメキシコの地でも他のところでも、あらゆる種類の無分別な殺人的行為をも辞さない原理主義運動を生み出す可能性があるからです。それとは反対に、われわれの望みどおりに万事が進み、インディオの権利が最終的に認められるなら、マルコスは副司令官や指導者や神話であることをやめるでしょう。その時には、人はEZLNの主要な武器が銃ではなく発言、言葉であることを理解するでしょう。そして、われわれの蜂起によって作り出された渦が静まるとき、人びとは一つの根本的な史実を発見するでしょう。この抵抗と考察の全過程の中で、マルコスはいっかいの戦士にすぎなかったのだ、と。私がつねに次のように言っているのもそのためです。もし君がマルコスとは何者であり、その防寒帽の下に誰が隠れているのかを知りたいと思うなら、鏡を取って自分の姿を眺めなさい。君がそこに発見する顔がマルコスの顔です。われわれの誰もがマルコスだからです。

結びに代えて

マルコスは、遠回しな言い方で自分の考えを言い表すのを好む。彼の文章や演説には物語や教訓的なおとぎ話がちりばめられていることが多い。メキシコにおける行進の後で、彼は、感謝の念を伝えるために、自分のイニシアティブを支持してきた外国やメキシコの知識人（カルロス・モンシバイス、カルロス・モンテマヨル、パブロ・ゴンサレス・カサノバ）たちに会った。この会見の中で、彼はこれら知識人たちに次のような話をした。

「これは『もう一人のプレーヤー』と呼ばれています。一群のプレーヤーが高等馬術のようなとても重要なチェスの勝負に没頭しています。ある先住民が近づき、それを見て尋ねました。『何の勝負をしているのか』と。誰も彼に答えません。この先住民はチェスボードに近づき、駒の位置とプレーヤーの厳粛で集中した顔とそれを取巻く人びとの興味深げな態度をじっと見詰めました。彼はもう一度尋ねました。『何の勝負をしているのか』。プレーヤーの一人がわざわざ彼に答えてくれる。『お前には分らないさ。これは重要人物や学問のある人物のための勝負なんだ』。先住民は黙ったまま、チェスボードと対戦者の動きを観察し続けている。ひとときが過ぎた後、先住民はあえて新しい質問をする。『誰が勝つことになるのか分らないのにどうして勝負をしているのか』と。さきほど答えたのと同じプレーヤーが彼に言います。『お前には理解できない。これは専門家のやることなんだ。これはお前の思考能力を超えているんだ』。先住民は何も言いません。勝負を見続けて、その後、立ち去る。少し経ってから、彼は何かをもって戻って来る。彼は一言も発せず、チェスのテーブルに近づき、チェスボードの中央にたくさんの泥が詰まった古い長靴をおく。プレーヤーたちは困惑して、怒りを露わに彼を眺める。先住民はいたずらっぽく微笑みながら、尋ねる。『王手だろう?』。これで話はお終いです」。

「この小話の鍵となっているのは、権力と金を持つ支配者たちのメディアを通じたチェスの勝負を中断させ、ひっくり返してしまった泥が詰まった古い長靴でも、政治をシミュレーションと欺瞞の技術にしてしまった人びとの勝負でもありません。核心は、何かを知っていることを示す先住民の微笑の中にあります。この先住民は別のもう一人のプレーヤーが、つまり、彼がそこにいないことを知っているのです。けれどもとりわけ、彼は勝負が終わっていず、われわれがその勝負にまだ敗れたわけでないことを知っています。チェスの勝負が始まったばかりであることを知っているのです。そして、彼には、その知識があるからではなく夢見ているから、そのことが分るのです」。

「要するに、われわれ先住民は、過去には加わっていませんが、将来には加わるのです。われわれは過去を振り返って眺めますが、同時に将来をも夢見るからです。われわれの足はいぜんとして歴史の粘土層の中に浸かっていますが、われわれの頭は明日の光を捉えているのです」。

資料Ⅰ　サパティスタ代表団は首都へ行進する

CCRI-CG・EZLN（先住民革命地下委員会＝サパティスタ民族解放軍総司令部）

＊二〇〇〇年一二月二日

メヒコ人民へ
全世界の人民と政府へ

われわれは以下の点を検討した。

①　国の先住民族にとって尊厳のある場所が認められていないときに、尊厳のあるメヒコ［メキシコ］を考えることはできない。

②　先住民族の権利と文化を憲法で認知することが懸案となってきたが、その解決をこれ以上は延期できない。

③　メヒコと世界の人民は先住民の掲げる要求に敏感に対応し、それぞれができる範囲で先住民の要求と連帯してきた。

④　ＥＺＬＮは先住民の大義を重要な旗印として掲げてきた。
⑤　サンアンドレス合意［一九九六年二月、ＥＺＬＮと連邦政府の間で署名された「先住民族の諸権利と文化」に関する合意。政府がこれを履行していないことを理由に、サパティスタは交渉を拒否している。］の履行を公約し、一九九六年一二月にＣＯＣＯＰＡ（和平・和解委員会）によって作成された先住民法案を国会に上程するという現連邦政府の決定がはっきりと示されている。

それゆえ、ＥＺＬＮは宣言する。

（一）先住民全国議会、国内外の市民社会、政治・社会組織、すべての人びとに呼びかける。メヒコの国会で、ＣＯＣＯＰＡ提案に基づいて、先住民の諸権利と文化が憲法で認知されるように大規模な動員を展開してほしい。

（二）ＣＣＲＩ-ＣＧ・ＥＺＬＮの代表団をメヒコ市に派遣することを決定した。その目的は、国会に向けた上記の大動員の先頭に立ち、いわゆる「ＣＯＣＯＰＡの先住民法案」の意図を国会議員の前で説明することである。

（三）その代表団はＣＣＧＩ-ＣＧ・ＥＺＬＮから選ばれた二四名のメンバーで構成されるだろう。この代表団に加わる同志はツォツィル、ツェルタル、トホラバル、チョル、ソケ、マムおよびメスティィソという民族集団を代表する。その名前は以下のとおりである。ダビ司令官、エドゥアルド司令官、タチョ司令官、グスタボ司令官、セベデオ司令官、セルヒオ司令官、スサーナ司令官、オマール司令官、ハビエル司令官、フェレモン司令官、ジョランダ司令官、アブラハム司令官、イサイアス司令官、ダニエル司令官、ブルマロ司令官、ミステル司令官、アベル司令官、フィデリア司令官、モイセス司令官、アレハンドロ司令官、エステル司令官、反乱副司令官マルコス、マホ司令官、イマエル司令官。

（四）サパティスタ代表団は二〇〇一年二月にメヒコ市に赴く。その日程はおって明らかにする。

（五）われわれは先住民全国議会、メヒコ全域のインディオ民族に呼びかける。それぞれの政治的立場にとらわれることなく、組織化を展開し、動員を掛け、われわれの代表団と合流し、国会が先住民の諸権利と文化を認知することを要求していこう。

（六）われわれはメヒコの市民社会に呼びかける。この要求を支援するため、組織化し、動員を掛けてほしい。

（七）われわれは世界中の連帯委員会、グループや諸個人に呼びかける。この要求に関して示威行動を展開してほしい。

（八）　サパティスタ代表団は、市民社会全体が、差異や好き嫌いにとらわれず、われわれに同伴すること要請し期待する。そのため、メヒコ市への行進の計画や行程について近日中に発表する。その組織化はＥＺＬＮだけが行うことになる。

（九）　連邦政府との対話の再開の有無にかかわらず、サパティスタ代表団の首都への行進は実施されるであろう。立法権力にむけてわれわれの意見表明を行うつもりである。われわれの意見に耳を傾ける感受性を見いだせるとわれわれは確信している。

民主主義を！
自由を！
正義を！

メヒコ南東部の山中にて
先住民地下革命委員会＝サパティスタ民族解放軍総司令部を代表して

叛乱する副司令官マルコス

二〇〇〇年一二月

【メキシコ先住民運動連帯関西グループ＝訳】

資料II　交渉の再開には何が必要か

サパティスタ民族解放軍
＊二〇〇〇年一二月二日

メヒコ人民へ
全世界の人民と政府へ

新しい連邦政府の長［フォックス大統領］に直面して、サパティスタ民族解放軍は戦争を平和裡に解決する可能性に関して、みずからの立場を明らかにする。

一　サパティスタ民族解放軍は戦争終結へといたるために、また、メヒコの先住民と共同した正しく尊厳ある平和の構築を開始するために、対話と平和的交渉の途を求め出会い追求する用意があることを再確認する。

二　対話と交渉の目的は、合意に達し、その合意を実行することにある。対話も合意実現も、信頼と信用を基盤になされる場合にのみ可能である。当事者双方はみずからが信頼に値し、約束を守ることを表明しなければならない。

三　サパティスタ民族解放軍は七年間の公的生活（それに一七年間の存在）のあいだ、みずからのことばが信頼に足ることを示してきた。私たちはみずからのことばに忠実であってきたと誇ることができる。私たちの経歴だけでなく、対話への私たちの現在の用意も、そのことを保証している。

四　サパティスタ民族解放軍は連邦政府に、具体的な合図を求める。その合図は、対話と交渉への用意、合意到達と実現の約束、それにメヒコ先住民との平和を築くという確固たる決心を保証するものでなければならない。

五　私たちが要求する合図は

（A）サン・アンドレス合意の実現。具体的には、和解・和平委員会（COCOPA）が行なったイニシアティヴの、法律への転換。

（B）チアパスその他の州で投獄されているすべてのサパティスタの釈放。

（C）脱軍事化。ビセンテ・フォックス氏は大統領選のキャンペーン中、それに二〇〇〇年七月二日以来ずっと、サパティスタ地域からの連邦軍の撤退と、開戦以前の位置への軍の後退を提案してきた。

昨日、軍は一連の行動を起こし、検問所の数を減らした。私たちが入手している情報によると、この行動には、いわゆる「紛争地域」における連邦軍の数や密度の変更は含まれていない。これらの行動は、検問所の数の減少を、撤退だと見せかけるためのただの宣伝的な戦術だとも解釈しうる。しかしまた、大規模な脱軍事化のはじまりだとも解釈しうる。サパティスタ民族解放軍は、それをより大きな妥協の用意があるという合図だと努力して評価する。サパティスタ民族解放軍は、国内・国外の世論が要求しているのが、軍の全面的な撤退であることを知っている。しかし、対話と紛争の平和的解決とにみずからが用意あることへの合図を申し出るのが、私たちの義務だと考える。本年一二月一日までに、さまざまな政府軍・警察は、チアパスにおいて六五五カ所を占拠しており、そのうち陸軍が占拠しているのは二五九カ所である。

サパティスタ民族解放軍は、和平過程を再開するための条件として、上記二五九カ所のうちの以下の七カ所からの撤退と閉鎖を要求する。

1　アマドル・エルナンデス。この場合、加えてセディージョが発布した土地収用令が廃棄されなければならない。
2　グアダルーペ・テペヤク。
3　リオ・エウセバ（ラ・レアリダー・デ・アグアスカリエンテス近く）。
4　ホルナチョホ（オベンチク・デ・アグアスカリエンテス近く）。
5　ロベルト・バリオス（右と同じ）。
6　ラ・ガルーチャ（右と同じ）。
7　クシュルハ（モイセス・ガンディ共同体近く）。
この撤退は完全なものでなければならず、他のいかなる軍隊・警察（連邦のであれ州のであれ）が交代してはならない。また、上記の箇所からの地理的な引き離しでごまかしてはならない。つまり、撤退とは「何メートルかの後退」を意味しない。軍隊あるいは警察（連邦のであれ州のであれ）のいかなる新たな配備も、愚弄だと理解され、あらゆる合図を無効にするであろう。

こうした合図が実現されるなら、サパティスタ民族解放軍は連邦政府の和平交渉団および世論に手紙を送り、そのなかで、政府交渉団とサパティスタ指導部との最初の直接の出会いの場所・日時・議題を提案するであろう。

この最初の直接の出会いにおいて、サパティィスタ指導部は、サパティィスタ民族解放軍とビセンテ・フォックス氏の政府とのあいだでの、チアパスにおける正しく尊厳ある平和に関して、対話と交渉の正式の開始を表明するであろう。

簡単明瞭かつ実行可能な以上のような要求をもって、サパティィスタ民族解放軍は対話と交渉の途を、その最後の結果まで、すなわち、戦争終結までつづけるという、私たちの真剣な用意を提示する。

連邦政府とサパティィスタ民族解放軍の対話の再開は可能である。連邦政府の側での明確な行動と、サパティィスタ民族解放軍の対話への用意とは必要条件であるが、それだけでは充分でない。メヒコおよび世界の市民社会の動員も必要である。

こうしたことすべてのために、私たちはメヒコおよび全世界の善意の男女すべてに、こうした合図と対話再開との具体化を要求して動員を組織するよう、特別に呼びかける。


民主主義を！

自由を！
正義を！

先住民地下革命委員会ーサパティスタ民族解放軍総司令部
メキシコ南東部の山岳より
総司令部を代表して
叛乱するマルコス副司令官

【山崎カヲル＝訳】

資料III　マルコス副司令官のフォックス大統領宛て書簡

マルコス副司令官
＊二〇〇〇年一二月二日

メヒコ連邦区ロス・ピノス在住
ビセンテ・フォックス殿あて

フォックス殿
六年まえに私たちは、あなたの前任者であるエルネスト・セディージョ・ポンセ・デ・レオンに書簡を送った。いまはあなたが連邦政府の新しい元首なので、以下のことをあなたに告げるのが、私の義務である。本日以降、あなたはメヒコ南東部での戦争を引き継がれた。この戦争は、一九九四年一月一日にサパティスタ民族解放軍が、すべてのメヒコ人に対する民主主義、自由、正義を要求して、連邦政府に宣言したものだ。
私たちの蜂起の当初から、私たちは軍事的名誉と戦争法規とにしたがって、連邦軍に対峙してきた。そのとき以来、軍隊はいかなる軍事的名誉も持たず、国際協定を破りながら、私たちを攻撃してきている。七万名以上の連邦軍兵士（いわゆる「対叛乱特別部隊」約二万名を含む）は、二五二五日（本日を含む）にわたってサパティスタを包囲し迫害してきた。この期間のうち二〇〇〇日にわたって、一九九五年三月一〇日に国会で宣告された「チアパスにおける対話・交渉・和平法」が破られてきている。

ほとんど七年に及ぶこの戦争のあいだ、私たちサパティスタは抵抗をつづけ、ふたりの連邦元首（「大統領」を自認する）、ふたりの国防大臣、六名の内務大臣、五名の「和平」委員、五名のチアパス州「知事」、それに無数の中間官僚と対峙した。かれら全員がすでに退任している。そのうちの何人かは、組織犯罪との関係で調査されつつあり、また何人かは亡命したり逃げ出しており、何人かは失業中である。

このほとんど七年間のあいだ、私たちサパティスタはあれこれの仕方で対話の途を主張してきた。そのように主張してきたのは、私たちに武器を置いて和平合意を試みるよう要求した市民社会と、私たちは約束したからである。

いまあなたは連邦政府の長となったのだから、あなたはメヒコ南東部での戦争を継承しただけでなく、その戦争にどう対処すべきかという、選択の可能性をも継承したのだと知るべきである。

フォックス殿、あなたの大統領選キャンペーン期間を通じて、また、七月二日以降、私たちの要求に対処するため、対話を選びたいと、何度も語ってきた。セディージョも政権につくまでは、同じことを語っていた。しかしながら、政権についた二カ月あとに、彼は私たちに対する一大軍事攻勢を命令した。

つぎのことを理解していただきたい。どんな政党に所属しているかにかかわりなく、政府にあるもの全員への不信が、私たちの考えや行動に消しがたく刻み込まれていることを。

権力のことばに対して私たちが不信をもっていることは理解していただけるであろう。あなたやあなたの同僚たちがいかなる配慮・敬意もなしに振りまいてきたたくさんの矛盾や不真面目さを、私たちは付け加えるが、さらに、あなたにこう指摘するのが私の義務でもある。つまり、サパティスタに関するかぎり（私が思うに、サパティスタだけではないが）、信頼や信用という点において、あなたはゼロから出発する、ということである。

私たちとしては、先住民の要求は「投票、テレビ、小店」で解決できるなどとのたまうような、皮相な無知を示してきた人びとを信頼できない。

　私たちとしては、準軍隊組織やその親玉たちに刑罰免除を与えて、彼らが犯してきた何百という犯罪を「無視」（つまり「特赦」）しようとする人びとを信用しえない。

　経営的論理という視野の狭さをもって、これからの六年間の大統領任期の事業のなかで、先住民をミニ企業家や従業員にすることを、政府の計画にするような人びとは、私たちに信頼感をもたらさない。最終的には、こうした計画は、メヒコにおける新自由主義が別のかたちで進めている民族殺害（エスノサイド）を継続しようという試みにほかならない。

　それゆえに、こうしたことはすべて、サパティスタの土地では発展などしないと、あなたが理解することが望ましい。あなたの「先住民を消滅させて企業家を作る」という計画は、私たちの土地では許容されない。チアパスにおいても、メヒコのほかの多くの場所においても、先住民であることは、血や出身だけで決められるものではなく、生・死・文化・土地・歴史・未来についてのヴィジョンとかかわっているのだ。

　私たちを武器によって絶滅させようと試みた人びとは失敗した。私たちを「企業家」に変身させることで消滅させようと試みる人びとも失敗するだろう。

注意していただきたい。私はすでに、サパティスタに関して、あなたが信頼と信用がゼロのところから出発すると述べた。このことはつまり、あなたがまだマイナス点を持っていないことを意味している（あなたがこれまで私たちを攻撃していないことを指摘しておくべきだろう）。であるがゆえに、すべてのメヒコ人に、そしてとりわけサパティスタにPRI［制度的革命党］がもたらした悪夢を、あなたの政府が繰り返すことに賭けている連中に同意することができる。あるいは、あなたはゼロから出発して、どんな政府も活動に必要とする信頼と信用とを、事実によって構築しはじめることもできる。あなたがなんどとなく口にしてきた脱軍事化（もっとも、「全面的撤退」「再配置化」「再調整」といった違いがあり、それらが同一ではないことは、あなたもあなたの兵士たちも私たちも知っている）が第一歩である。それは充分ではないが、どうしても必要な第一歩である。

チアパスだけではないが、なによりもまずチアパスにおいて、あなたの失敗を願っている連中、それにあなたに疑問という恩恵を与えている連中、あるいはあなたに単に「希望」なるものを託している連中に、あなたは同意することができる。

フォックス殿、あなたの前任者セディージョ（彼が権力の座についたのは、要人暗殺によってであり、国家＝政党システムという巨大な怪物の支持を得てであった）とは異なって、あなたが連邦政府の元首になったのは、ＰＲＩが丹念に人びとのあいだで育んできた拒絶のおかげだった。フォックス殿、あなたはそれをよく知っておられる。あなたは選挙に勝ちはしても、ＰＲＩを打ち倒したわけではない。打ち倒したのは市民たちであった。そこには、国家＝政党に反対票を投じた人びとだけでなく、七一年におよぶＰＲＩ歴代政権の権威主義・免罪・犯罪にあれこれの仕方で抵抗し戦ったかつての世代やいまの世代が含まれている。

あなたが権力の座についた形態には、根本的な違いがあるが、しかし、あなたの政治的・社会的・経済的な計画は、まえの諸大統領のもとで私たちが苦しんできたものと同じである。その国家計画は、メヒコの国民としての破壊にほかならず、メヒコを世界市場が決める価格で人間や天然資源を売る巨大な「小店」のような、デパートへと変えることでもある。電力・石油・教育の私有化と、医療品や食料に課せられようとしている付加価値税とは、新自由主義者たちがメヒコ人に用意した大いなる「再建」計画の一部でしかない。

それだけではない。あなたの登場とともに、私たちは保守的な立場への後退があるのではないかと考えている。この立場の特徴は、不寛容と権威主義である。七月二日［大統領選］

の結果、公然たる右翼が迫害と破壊の攻勢を解きほどいたのは、理由がないことではない。それによって苦しんでいるのは女性（レイプされようとされまいと）であり、若者であり、芸術家や劇作家であり、ゲイやレズビアンたちである。こうした人びとは、年金生活者や定年退職者とともに、障害者、先住民、そして七〇〇〇万のメヒコの貧しい人びとととともに、「少数者」と呼ばれている。フォックス殿、「あなたの」メヒコにおいては、これらの「少数者」には居場所がない。

私たちはこのようなメヒコに反対する。根源的な仕方で反対する。

メヒコ人のある集団、それも大多数が先住民である集団が、あなたの商業計画や右翼の攻勢に同意していないことは、あなたの関心事ではないかもしれない。しかし、忘れていただきたくないのだが、ＰＲＩが権力を失ったのは、大多数のメヒコ人が叛乱し、その叛乱に成功したからなのだ。

この叛乱は終わっていない。

あなたやあなたのグループは、七月二日から現在まで、市民は画一性と無気力に戻るべきだと主張する以外のことをしていない。だが、そうはならないだろう。あなたの新自由主義計画は、何百万もの人びとの抵抗に出会うだろう。

あなたの内閣の何人かのメンバーや関係者は、こういっている。サパティスタ民族解放軍はメヒコは変わったのだということを理解すべきであり、彼ら〔サパティスタ〕はそれを受け入れ、降服し、眼出し帽を脱いで店を出すための資金を求め、テレビを買って、小型車の内金を払うべきだ、と。

彼らは間違っている。確かに私たちは変革のために戦っている。しかし、私たちにとって「変革」とは、「自由、民主主義、正義」のことなのだ。PRIの敗北は、メヒコが変わるための必要条件であった。だが、充分条件ではない。たくさんのことが欠けており、あなたやあなたの内閣の若干の閣僚は、それを知っている。たくさんのことが欠けている。もっとも重要なのは、何百万ものメヒコの男女が、それを知っているということだ。

例えば、先住民が欠けている。彼らの権利や文化を憲法で承認することが欠けている。私を信じてほしいのだが、そうした権利や文化は、企業での昇任の申し出とはなんのかかわりもない。先住民共同体の脱軍事化や脱準軍隊化が欠けている。良心の囚人の釈放が欠けている。政治的失踪者たちの出現が欠けている。国民主権の再建と擁護が欠けている。極貧の人びとの必要を満たす経済計画が欠けている。一〇〇%の市民たちが欠けている。政権の座にあるものたちの銀行口座報告が欠けている。それだけでなく、平和も欠けているのだ。

フォックス殿、あなたの前任者セディージョは、六年以上にわたって、対話の意志を見せかけながら、私たちに戦争をしかけた。対決を選んで、敗北した。いまや、あなたが選ぶ可能性を持っている。

あなたが誠実で真剣で尊敬に値する対話の途を選ぶのであれば、そのつもりであることを事実によって示してくれればよい。サパティスタの積極的な応答があることを、あなたに保証する。そうすれば、対話が再開され、早急に真の和平の構築がはじまるだろう。

私たちが付加する公的コミュニケにおいて、サパティスタ民族解放軍は連邦政府による一連の最小限の合図の基礎になる要求を発表する。それらが満たされれば、対話への復帰の準備は完了する。

賭けられることになるのは、あなたが代表しているものや、あなたがメヒコに意味しているものに、私たちが反対するかどうかなどではない。私たちがあなたに対立していることには、なんの疑いもない。賭けられることになるのは、この反対が市民的で平和裡の回路でなされるか、あるいは、私たちが追求しているものを達成するまで、私たちが武器を掲げつづけ、顔を隠したままでいなければならないか、である。フォックス殿、私たちが追求しているのは、すべてのメヒコ人にとっての民主主義、自由、正義なのだ。

では、さようなら。メヒコとチアパスにおいて、新しい夜明けが確実にあることを望んで、挨拶を送る。

メヒコ南東部の山岳より
先住民地下革命委員会－サパティスタ民族解放軍総司令部を代表して
叛乱するマルコス副司令官

【山崎カヲル＝訳】

資料Ⅳ　蜂起七周年にあたって

サパティスタ民族解放軍

＊二〇〇一年一月一日

私の声を通してサパティスタ民族解放軍が語る。

メヒコの先住民兄弟・姉妹のみなさん

メヒコおよび全世界の兄弟・姉妹のみなさん

忘却に反対するこの戦争の七年目に、私たちは私たちがなんなのかを繰り返したい。

私たちは風である。私たちに息を吹きかける胸ではない。

私たちはことばである。私たちに語る唇ではない。

私たちは歩みである。私たちを歩かせる足ではない。

私たちは鼓動である。私たちを駆り立てる心臓ではない。

私たちは橋である。結びつく土地ではない。

私たちは途である。到達点でも出発点でもない。
私たちは場所である。それを占拠する人間ではない。
私たちは存在しない。私たちはただあるだけだ。
私たちは七回である。私たちは七回なのだ。
私たちは繰り返される鏡である。
私たちは反映なのだ。
私たちは窓を開けたばかりの腕である。
私たちは朝の扉に呼びかける世界である。

兄弟・姉妹のみなさん

終わってしまった二〇〇〇年と二〇世紀に、古い鏡が見出した反映は七つであった。第一の反映においては、私たちは思いもかけずに目覚めた、下からの風であった。きわめて遠い時代から、記憶は火の息で作られた。顔つきは厳しく歩みはつらく、私たちはいつもながらの死者として戻ってきた。しかし、今回は人生のなかで場所を手に入れるためだ。かくして私たちとともに、山は大地にひざまずいて、死刑執行人が住まう街路に、私たちの歴史を吹きつけた。

第二の反映とともに、私たちはことばのための唇であり、他の人びとの心に向かう耳であった。火は静まり、胸は私たちを拡げて結びつくことを学んだ。かくして楯と剣が作られ、ことばは抗い、裏切りは無益なものになった。

第三の反映のきらめきとともに、大地の色であり血である私たちが、すべての人びとと同様に、尊厳ある場所を持ちうるよう、私たちは命令するものと合意を結んだ。命令者は自分のことばを守らなかったが、私たちはいずれにせよ、他のいくつもの世界のための橋になれた。私たちはそれによって、尊厳とはどこかの国民の専有物などではなく、善意には多くの顔がありたくさんのことばを話すのだということを学んだ。

第四の反映において、私たちに命令し断言するものたちが、第一歩を記した。一一一回、私たちのまなざしは、ついにうち砕かれた孤独を見つめた。にもかかわらず、血をもって命令する愚かさは、たくさんの視線を閉じこめようとした。もはや決して閉じないまなざしがあるところは、「アクテアル」と呼ばれる。

第五の反映は、抵抗を拡大し、学校と指し示す講義とを作り出すことであった。命令すると称しているものたちの側には、戦争、破壊、嘘、不寛容があり、私たちの側には、静かな尊厳、叛乱する沈黙、自分たちによる統治があった。

第六の反映は多くの旅をした。一〇〇〇の五倍も。私たちが兄弟と呼ぶ人びとのすべての土地へ。私たちは彼らに質問し、彼らに耳を傾けた。私たちはそれが成熟するよう、みずからのことばを守った。いつか、そのときが訪れるであろう。

そしてついに、第七の反映がやってきた。それとともに、すでにふらついていたものが倒れた。別のものがたくさんの顔を持ち、顔を持たず、名前を持ち、無名で、完全な匿名で登場した。それは最後ではないにしても、梯子ではある。おのれの庇護なしになにかが可能であると思ってみたことのないものが、だれも嘆きはしないうちに、孤立し崩れ去った。

第七の反映が完成すると、もっとも年老いた最初のものたちが、もっとも新しい死者たちの口を借りて、私たちに話しかけた。彼らが私たちに語り話したのは、この第七の時期が、上に向かって成長している土地に戻る時期だということであった。その土地には、たくさんの話はするが、ほとんど聞いてもらえない紳士が、大統領宮殿にいる。その土地には、正しい法律に導いてくれるであろう理性が住んでいる。そこでは別の異なった人びとが、私たちと肩を並べている。そこでは戦いが日々のパンと塩なのである。

このような不条理かつ残酷な状況がつづいているのに、どうしたら現政権は全世界の眼のまえに、みずからを指し示すことができるのだろうか。政府軍を占領軍として維持しているのに、どうして「変革」や「民主主義」や「正義」を語れるというのだろうか。連邦軍はグアダルーペ・テペヤクから退去すべきである。それは退去が対話再開の前提条件のひとつだからだけではなく、旧政権がはじめた好戦的な行動がつづいているあいだは、だれも平和を語ることができないからでもある。

いまだにロベルト・バリオス、ラ・ガルチャ、クシュルハ、ホルナチョイ、それにリオ・エウセバには軍の兵営が存在している。ロベルト・バリオスでは、陸軍は兵営をかまえているだけではない。昼も夜も検問所が活動し、同地区の先住民たちの移動を妨害している。これは検問所は停止すると述べたフォックス殿の声明や政府の宣伝と矛盾している。ロベルト・バリオスに、また同様にラ・ガルチャ、クシュルハ、ホルナチョイ、それにリオ・エウセバに軍を配備する唯一の目的は、これらの地域の近くにあるサパティスタ文化センターを脅かすことにある。これらの配備はいかなる戦術的・戦略的・宣伝的・社会的・経済的な価値を持たない。その唯一の機能は威嚇にある。すでに見たように、このことも破綻している。

逮捕されたサパティィスタ全員の釈放も欠けている。チアパス、タバスコ、ケレタロの刑務所には、私たちの大義に共感したという以外にいかなる罪も犯していない人びとがいる。政府の正義にとって私たちサパティィスタが犯罪者であるなら、対話を行なうことはできない。彼らの解放は、対話の基本的な一部である。

先住民の権利と文化の憲法上の承認が欠けている。COCOPAによる立法イニシアティヴなるものは、サパティィスタの気まぐれの産物などではない。それは正規の四つの政党、つまり制度的革命党、国民行動党、民主革命党、労働党の上院議員と下院議員によって作成されたものである。この法律はサン・アンドレス合意を基本的に取り込んでいる。そのサン・アンドレスでの席では、連邦政府とサパティィスタ民族解放軍だけでなく、メヒコのあらゆる民族の先住民代表、科学者、研究者、人権派、それに法律専門家が対話したのである。

このサパティィスタ蜂起七周年にあたって、私たちは対話と和平のため、メヒコおよび全世界の誠実な男女に対して、私たちとともにビセンテ・フォックス殿に、こう要求するよう呼びかける。軍隊をグアダルーペ・テペヤクから撤退させ、七年間近く亡命生活をしている先住民たちが、自分の家に帰れるように、という要求である。

また、ラ・レアリダ、ラ・ガルチャ、ロベルト・バリオス、モイセス・ガンディ、それにオベンティクにあるサパティスタ先住民文化センターを脅かしている、軍の兵営の決定的な撤退を要求する。

さらに、ケレタロ、タバスコ、チアパスの刑務所にいる、サパティスタ囚人全員の解放を要求する。

すでにこの七年よりもはるか昔に、こう書かれている。

野生のサボテンのところに来て見るがよい。そこに直立したワシを静かに見ることができよう。

このワシとともに、おまえの心は満たされる。

そこにおまえが投げ出したコピルの心臓がある。

そこで水はなんどもなんども渦を巻く。
だが、そこでワシは墜ち、おまえは大いなる岩のあいだ、
葦とイグサのあいだにある洞窟のなかで、
この野生のサボテンがコピルの心臓から立ち上がっていることを見たのだ。
私たちはそこに留まるだろう。
そこで私たちはすべての人びとを待ち望み、彼らと出会えるであろう。

（ナウアトル語の詩「一三二五年のメヒコの創設」より）

兄弟・姉妹のみなさん。
本日で忘却に対する戦争は七年目を迎える。いままでは、命令者は平和を好むと述べている。同じことを前任者はいったが、彼がやったのは、ただ生きていることだけで彼に挑んだ人びとを破壊しようとしたことだけであった。
だからこそ、私たちは本日、すべての人びとと、それに政府の人びとに、解決すべきたくさんの不正が存在することを思い出していただきたい。

対話のために私たちが求めた合図の一部として、私たちは七カ所の軍駐屯地の撤去と廃棄を要求した。これらのひとつひとつが、大多数のメヒコ人と何十万もの外国の人びとによる平和への希求への侮辱にほかならない。アマドル・エルナンデス共同体からの軍兵営の撤収は、対話の席に向けてのすばらしい合図であり第一歩であった。しかし、まだ六カ所が残っている。

グアダルーペ・テペヤクが残っている。一九九五年二月一〇日、この共同体の住民は連邦軍によって、すべての所有物を奪われた。占領軍に仕えるより亡命を選んだグアダルーペ・テペヤクの人びとは、山に逃れ、いまもそこで生きている。二一四九日ものあいだ、これらの先住民トホロバル人は、自分たちの土地から遠く離れて生き死ぬことを余儀なくされた。セディジョの裏切りの産物であるこの不正は、フォックス殿の政府のもとで、いまもつづいている。

このサパティスタ蜂起七周年にあたって、私たちは対話と和平のため、すべての人びとに私たちに連れ添って、連邦政府の所在地であるメヒコ市に向かうよう招待する。そこで私たちはともに、上院や下院の議員たちに対して、正義について説得を重ねよう。正義とは、先住民の権利と文化を憲法上で承認することである。

兄弟・姉妹のみなさん
長いあいだ、政府を支配し、政府に仕えている連中は、この土地の最初の血を破壊しようとしてきた。もっともはじめにある種子がどんなに数多いかを見た彼らは、もっとも恐るべき死をもって私たちを叩きのめすのに疲れた。だから、これらのご立派な人びとは、私たちを忘却によって殺そうとしたのである。

しかし、先住民である私たちは抵抗する。

殺害によって殺す死に、私たちは抵抗する。

忘却によって殺す死に、私たちは抵抗する。

私たちは死に抵抗する。

私たちは生きる。

ここに私たちはいる。

私たちのもっとも古きものたちは、そのように命令している。

私たちの鼓動が、七番目を開く。

木霊（こだま）が響いている。

それに橋が。

それに途が。

それに場所が。

それに家が。

この祖国の最初の心臓が生きるために。

もはや決して沈黙が犯罪の共犯とならないために。

ことばが騒音にかき消されないために。

孤独が打ち倒されず、希望に国境を設けないために。

すべての人びととの歩みが、尊厳ある途を持つために。

記憶を蒔く場所を持たない人間が存在しなくなるために。

すべての人びとが出入りでき、壁が牢獄ではなく、庇護となるために。

このメヒコと呼ばれる国が、だれによって、だれとともにあるのかを、決して二度と忘れないために。

これまでは外に置かれ迫害されてきた人びとが、内部に置かれ、すべての人びとともにあり、自分でありながらも、すべての人びとともにあるために。

記憶を喚起させ回復する一月一日が、もはや決して必要にならないために。

メヒコの先住民が先住民でありつつメヒコ人であるために。

私たちのもっとも古きものたちが、そのように命令している。すでに七年目になっている。

それはもっとも小さなものたちの時代だ。

メヒコ先住民の時代だ。


兄弟・姉妹のみなさん。

私たちはサパティスタである。

私たちは征服しない。私たちは説得する。

私たちは奉仕されない。私たちが奉仕する。

私たちは壁ではない。私たちは橋なのだ。

私たちは政策を命令しない。私たちはもっとも小さなものたちなのだ。

兄弟・姉妹のみなさん。
七年目が終わった。今年、私たちの途は広がる。七年まえと同様に。だが、火ではなくことばとともに。メヒコ先住民の時代がふたたび訪れたのだ。彼らから、彼らとともに、そして彼らのために、いま私たちは、先住民の権利と文化の旗をもう一度掲げなおす。メヒコが脱記憶の途をもはや決して歩まないよう、私たちは戦いつづける。祖国ということばが、ふたたび排除と同義語にならないために。明日があらゆる異なった人びととともにいる私たちを見いだすために。

メヒコの先住民万歳！
全世界の排除された人びと万歳！
サパティスタ民族解放軍万歳！
私たちの死者よ、永遠に万歳！

民主主義！　自由！　正義！

先住民地下革命委員会およびサパティスタ民族解放軍総司令部

メヒコ南東部の山岳から

を代表して

ダビド司令官

【山崎カヲル＝訳】

資料V　COCOPA（和解・和平委員会）作成の憲法改正案に関するコンセンサス

第三回先住民全国議会（CNI）
＊二〇〇一年三月九日

〈解説〉二〇〇一年二月末から始まった首都行進を主導していたサパティスタの代表団は、三月上旬、ミチョアカン州のヌリオに滞在していた。それは同地で開催される第三回先住民全国議会（CNI）に参加するためであった。一九九六年一月にサンクリストバル市で開催された先住民全国フォーラムを基盤に同年一〇月に結成されたCNIは、同年二月にEZLNと連邦政府の間で署名された先住民族の諸権利と文化に関するサンアンドレス合意を先住民族の集団的権利を憲法で認知させる運動を推進するための法的な基盤として活用することを方針として採用した。一九九八年に開催された第二回議会ではサンアンドレス合意、ならびにCOCOPA（和解・和平委員会）作成の先住民法案を支持することが採択された。今回の第三回議会には、国内の五六民族のうち四一民族から派遣された代表団約三五〇〇名が参加している。訳出した文書は第三回議会の最終文書に盛り込まれたコンセンサスで、三月九日にメヒコ市南郊のサンパブロ・オショトテペックにおいてサパティスタの代表団と議会に参加した先住民の代表団によって全員一致で採択・署名されたものである。

われわれは以下の点について検討してきた。

今現在、われわれの掲げる正当な大義が勝利したことにより、COCOPA作成の法案に基づいて、先住民族の諸権利と文化を共和国憲法において直ちに認知させるための努力を重ねることがわれわれに任務として課されている。

EZLNの男女の代表団が先導する先住民の尊厳を求める大行進のメヒコ市への入城を前にしたこの国民的な日、ミチョアカン州ヌリオにあるプレペチャ国の領域で開催されたわれわれの第三回先住民全国議会で採択された諸合意がまさに承認された。それは、すべてのメヒコ人に、われわれやメヒコ全域の先住民の仲間による自治を求めるという正当な目標のことを知っていただくためである。

われわれ先住民族にとって、この五〇九年間の歴史は、搾取、差別、貧困を意味していた。そして、われわれの種や心をもとに誕生したメヒコという国は権勢家どもによって築かれてきた。彼らは、われわれの存在だけでなく、独自の道を歩むというわれわれの至高の権利を無視してきた。そのことがわれわれの血によって築かれた祖国を頑固に否定することを意味していることを理解していない。

過去も現在も、新自由主義が繰り広げる民営化という近代的利害が、われわれの大地、領域、天然資源に襲いかかり、われわれ先住民族の存在だけでなく、それらに対する所有・利用・用益権を無視している。

サンアンドレス合意は、先住民族であるわれわれがもつべき諸権利を全面的に認知するための最初のステップである。

この歴史的な場所では、エミリアーノ・サパタ・サラサール将軍と配下の農民軍が、アヤラ綱領として知られている抑圧された先住民族を解放するための計画を採択した。このアヤラ綱領は、サンアンドレス合意と同じように、農地を取り戻すための要求項目のなかに、共同体性の認知、再構成、育成を中心的な項目として掲げていた。共同体性とは、われわれ先住民族が、自分たちの内部、そして別の民族、別の国や母なる大地とあいだで、個人ならびに集団として構築している特別な関係を表している。

われわれ以下に署名した男女、つまりサンアンドレス合意の履行を求めるために戦っているCNIに参加している先住民族の伝統的権威者や代表団のメンバーは宣言する。

①　われわれはミチョアカン州ヌリオで開催された第三回先住民全国議会において確認された合意全体、ならびに個別項目すべてを承認する。ヌリオ合意は、COCOPA作成の草案に基づいてサンアンドレス合意を共和国憲法に組み込むことを求めているわれわれ先住民族の強固な意志を表明したものである。

②　われわれは、ヌリオの議会の精神そのものを承認し、サンアンドレス合意が先住民の諸権利と文化に関する国民的コンセンサスを体現していることを承認する。さらにサンアンドレス合意を憲法に組み込むことは国の意志を代表しているという人びとにとっても回避できない問題となっていることも承認する。

③　われわれをメヒコの心臓部（首都）まで赴かせた正当な戦いで、譲歩することはしない。われわれの諸権利の憲法による認知を獲得するまで、われわれはけっして休息することはないだろう。

④　われわれ先住民族の諸権利をCOCOPAが作成した改正案に従って憲法で認知する

ことを国の意志を決定する諸機関に要求する。COCOPA作成の草案は一九九六年二月一六日に連邦政府とEZLNにより署名されたサンアンドレス合意の理念を正確に体系化したものである。

⑤　メヒコ国家の枠組での自治として表現される自決権がわれわれの譲ることのできない権利であるということを憲法で認知するよう要求する。さらに、経済、政治、検察・司法行政、領域問題、文化、教育、あらゆる社会的側面など、日常生活のあらゆる分野において、先住民族独自のアイデンティティと意識に基づいて、自らの命運を決定する権限を行使することを認知するよう要求する。

⑥　先住民族としてのわれわれの物質的・精神的存在を、われわれが再生産しているわれわれの居住環境の全体を体現しているわれわれの先祖伝来の大地や領域を憲法で認知するよう要求する。なぜなら、大地はわれわれ先住民族の大事な基盤であるとともに、われわれの千年を越える存在の土台、中心、心となっている共同体性の最も重要な基盤である。

われわれ、インディオ民族、真の民族にとって、われわれの母なる大地は神聖なものであり、大地に居住しているすべての存在、動物、植物、川、山、洞窟、渓谷、天然資源、そしてわれわれ先住民族が母なる大地との関係で蓄積してきた先祖伝来の知恵と同じように神聖なものである。

それゆえ、われわれは大企業が推進している政策をきっぱりと拒否する。なぜなら、母なる大地、そして大地に誕生するすべてのものは売買できる商品ではないからである。自由市場という単純でさもしい論理では、われわれの存在自体を破壊できない。なぜなら、近代的な海賊行為や生物資源略奪によって、われわれの太古からの知識や天然資源を取り上げることはできないからである。われわれ先住民族の参加、協議、承認なしには、われわれの領域において、いかなる計画や大規模計画も実施できない。

⑦ 多元的な権利体制の構築にあたって、われわれ先住民の規範システムを認知することを要求する。

その体制は、メヒコ社会を構成する社会秩序を規制している多様な概念や実践を調和させるものである。

⑧ 国内のすべての先住民地域において非軍事化を行うよう要求する。

⑨ 自治の防衛、われわれ先住民族の個人・集団としての権利の尊重を求めて戦ったため

に自由を奪われている国内のすべての先住民の収監者を釈放するよう要求する。
⑩　メヒコの全国民に呼びかける。ヌリオ合意の実行がメヒコの先住民族、ならびに国全体に対する権利の保障に役立つようにするため、ヌリオ合意を強固に支持してほしい。

われわれ民族の統合的な再編成をめざして
われわれぬきのメヒコはもういらない

ヌリオ合意承認証書
二〇〇一年三月九日
連邦地区ミルパアルタ区サンパブロ・オショトテペックにて署名

【メキシコ先住民連帯関西グループ＝訳】

資料Ⅵ　7つのメッセージ

サパティスタ民族解放軍

＊二〇〇一年三月五日～一一日

〈解説〉首都に向けて行進をしていたサパティスタ司令官代表団は、三月上旬のヌリアでの先住民全国議会（三月二～四日）終了後、最初に到着したメヒコ州のテモアヤのオトミ宗教センターでの集会（三月五日）において、首都到着までに7つのメッセージを発することを予告した。以下は、その7つのメッセージである。

第1のメッセージ（テモアヤ、三月五日）

「今日から、われわれはメヒコ市にメッセージを送りはじめることにする。メッセージは7つある。それぞれのメッセージは独自の意味をもっているので、階乗の意味があることになる。つまり、1＋2でひとつの意味がある。1＋2＋3では別の意味が生じる。このようなことが、7番目のメッセージまでに生じる。7番目のメッセージになるとき、われわれはメヒコ市に入ることになるだろう。これが7つのうちの最初のメッセージである。何も恐れるな。われわれが一員である人たちの声に耳を傾け、話すため、両眼や口を閉じる人たちは、何を恐れているのか。やがて、連中は道を譲るはめになるだろう。声なき者たちが声を取り戻し、顔のない者たちが顔を取り戻す様子を連中は指をくわえて眺めるだろう。

その時、征服者、副王、保守派、われわれを帝国の一員にしようとする者たち、党利党略にうつつを抜かす大農園主、カルロス・サリナス・デ・ゴルタリやエルネスト・セディージョの徒党の声を模倣する連中の声はまったく無価値になるだろう。

歴史は各人ごとにひとつの場所をもつ。それぞれの人がその場所を取捨選択する。足したり、引いたりすることで、賛成する人や反対する人が加わるだけでなく、沈黙する人も加わる。

これがメヒコ州テモアヤのオトミ宗教センターから発する最初のメッセージである」

第2のメッセージ（テポストラン、三月六日）

「大地の色をしているわれわれの沈黙は打ち破られた。その破片の上にわれわれは立っている。われわれがかつてあった状態、つまり現在の状態とは違うものに回帰する可能性を議論してはない。われわれがこれから変わっていくものを議論してはない。問題にしているのは、われわれが現在もっている場所、今ある場所を認知するか、否かである。われわれが支配することなく、すべての人と一緒に存在する可能性である。われわれは偉大な存在であるがゆえに、われわれが小さいことは気にならない。法を作り、制定するすべての人が重要なのである。歴史を作り、記述するわれわれが重要でなのである」

第3のメッセージ（イグアラ、三月七日）

「これがメヒコである。戦争を展開するためには、政府に挑戦しなければならない。平和と正義を手に入れるにも、政府に挑戦しなければならない。それゆえ、われわれは抑圧する者たちに挑戦するのである。われわれは連中にむかって挑戦しつづける」

第4のメッセージ（クアウトラ、三月八日）

「そこで、われわれは歴史の同じ道を歩むのである。しかし、われわれは同じことを繰り返すのではない。われわれは昔の存在である。だが、われわれは新しい存在である」

第5のメッセージ（ミルパ・アルタ、三月八日夜）

「われわれは二つの顔をもっていない。だが、二本の足をもっている。歩くためには、一本、そしてもう一本が必要である。月が夜空の女王として君臨している今、三つの色を帯びている月は予告する。もう三晩ほど経てば、大地の色によって、力はさらに力を持つだろう。プレペチャの家から始まった歩みが七日目の朝を迎える頃、上に向かって成長するすべての大地は大地の色によって彩られるだろう。そのとき、苦悩は死にはじめ、すべての色をともなって、われわれ大地のものである色は踊りだす」

第6のメッセージ（ショチミルコ、三月一〇日）

「われわれを集団として誕生させた歩みも七日目の朝が明け、言葉を発することは禁じられるだろう。小麦の肩の上で、われわれである皆とともに、われわれはパンになるだろう。上に向かって成長する大地は、大地の色の歩みに目を見開き、耳を傾けるだろう。つまり、われわれは大きく腕を開くだろう。鏡のなかで、日は一日を繰り返し、反乱は歴史を繰り返すだろう。三月は破片となった沈黙と別の声、褐色の声を見るだろう。声は歌っているすべての声に入っていくだろう」

第7のメッセージ（ソカロ、三月一一日）

「メヒコよ、お前に何をすべきであるかを告げるために、われわれはここまできたのではない。お前をどこかに導くためにきたのでもない。われわれを支援してほしいと、お前に謹んで敬意を込めてお願いするために、われわれはきたのである。この旗がわれわれにふさわしい場所を手にしないまま、夜が明けることなど、われわれは認めることはない。われわれは大地の色をしている存在である。ありがとう。これが欠けている7つ目の鍵である。7番目の鍵とはあなたたちである」

【メキシコ先住民連帯関西グループ＝訳】

資料Ⅶ　メキシコ市中央広場でのサパティスタの演説

先住民地下革命委員会―サパティスタ民族解放軍総司令部

＊二〇〇一年三月一一日

私たちは到着した。

私たちはここにいる。

私たち全国先住民会議とサパティスタは、ともに皆さんに挨拶する。

私たちがいる演壇がここにあるのは偶然ではない。なぜなら、最初から政府は私たちのうしろにいるからである［この声明は大統領官邸のまえに設けられた演壇からなされている］。

ときには武装ヘリコプターとともに、ときには準軍隊組織とともに、ときには爆撃機とともに、ときには戦車とともに、ときには兵士たちとともに、ときには警察とともに、ときには良心の売買とともに、ときには利益提供とともに、ときには嘘とともに、ときには激烈な声明とともに、ときには忘却とともに、ときには期待を込めた沈黙とともに、そして、ときには本日のように無力な沈黙とともに、私たちのうしろにいる。

だから政府は決して私たちを見ず、だから私たちに耳を傾けない。

彼らが歩みを少し早めれば、もしかすると私たちに追いつけるだろう。

そうすれば、私たちを見て、私たちに耳を傾けることができるだろう。

迫害されてきたものたちの長く強固な水平線に気づくだろう。彼らが悲嘆にくれることがないのは、注目と約束を求めるものたちが進む歩みだと判っているからだ。

先住民の、労働者の、農民の、教員の、学生の、コロノの、主婦の、運転手の、漁民の、タクシー運転手の、沖仲仕の、事務員の、従業員の、物売りの、楽隊の、失業者の、メディア関係者の、専門職の、宗教者の、ゲイの、レズビアンの、トランスセクシュアルの、芸術家の、知識人の、闘士の、活動家の、水兵の、兵士の、スポーツ選手の、議員の、官僚の、男の、女の、子どもの、若者の、老人の
兄弟・姉妹の皆さん
メヒコのインディオ人民の最良の人びとからなる虹である、全国先住民会議の兄弟・姉妹の皆さん

私たちはここにいるべきではない。

（このことばを聞いて、私のうしろで仕事をしている人［フォックス大統領］が激しく拍手喝采していると、私としてははじめて確信できたので、もう一度いおう）

私たちはここにいるべきではない。

ここにいるべきなのは、サパティスタ先住民共同体であり、その七年におよぶ戦いと抵抗、彼らの耳とまなざしである。

サパティスタ人民の男女、子ども、老人はサパティスタ民族解放軍の支持基盤であり、私たちを歩ませる足であり、私たちを語らせる声であり、私たちを可視にするまなざしであり、私たちの声を聞かせる耳である。

ここにいるべきなのは、男女の叛乱者であり、彼らの頑固な影、無言の強さ、立ち上がった記憶である。

また、サパティスタ民族解放軍の正規部隊をなし、私たち人民の守り手であり魂でもある、男女の叛乱者である。

これら男女こそが、見て耳を傾け、語るに価する人びとなのだ。

私たちはここにいるべきではない。

しかし、にもかかわらず私たちはいる。

私たちは彼女たち、彼たちとともにいる。メヒコ全土のインディオ人民をなしている男女だ。

インディオ人民とは、私たちのもっともはじめの人びと、もっともはじめの住民、最初の語り手、最初の聞き手である。

彼らは最初の人びとであるがゆえに、最後に立ち現われ、最後に消滅する。

先住民の兄弟・姉妹の皆さん
テネク人の兄弟・姉妹の皆さん
私たちははるか遠くから来た。
トラウイカ人の兄弟・姉妹の皆さん
長いあいだ歩いた。
トラパネコ人の兄弟・姉妹の皆さん

大地を歩んできた。
トホラバル人の兄弟・姉妹の皆さん
私たちは弓であり矢である。
トトナコ人の兄弟・姉妹の皆さん
歩む風である。
トリキ人の兄弟・姉妹の皆さん
私たちは心であり血である。
ツェルタル人の兄弟・姉妹の皆さん
戦士であり守り手である。
ツォツィル人の兄弟・姉妹の皆さん
同志の抱擁である。
ウィハリタリ人の兄弟・姉妹の皆さん
私たちは打ち負かされたといわれた。
ヤキ人の兄弟・姉妹の皆さん

無言だといわれた。
サポテコ人の兄弟・姉妹の皆さん
無口だといわれた。
ソケ人の兄弟・姉妹の皆さん
私たちは長い時間を腕のあいだに持っている。
マヤ人の兄弟・姉妹の皆さん
私たちはここにみずからを数えるために来た。
クミアイ人の兄弟・姉妹の皆さん
私たちはここ私たちがいることを語るために来た。
マヨ人の兄弟・姉妹の皆さん
私たちはここにみつめられるために来た。
マサウア人の兄弟・姉妹の皆さん
ここでみつめられるものとしてみつめる。
マサテコ人の兄弟・姉妹の皆さん

ここで私たちの歩みによって、私たちの名前が語られる。
ミヘ人の兄弟・姉妹の皆さん
私たちはつぎのようなものである。
丘のあいだで花開くもの。
歌うもの。
古きことばを守り育てるもの。
語るもの。
トウモロコシから生まれたもの。
山に住まうもの。
大地を歩むもの。
考えを分け合うもの。
真に私たちであるもの。
真の人間。
先祖。

網の主人。
歴史を敬うもの。
つつましい習慣を持つもの。
花を語るもの。
雨であるもの。
命令するための知恵を持つもの。
矢のかりうど。
砂であるもの。
河であるもの。
砂漠であるもの。
海であるもの。
異なっているもの。
人であるもの。
すばやく歩むもの。

人びとであるもの。
山であるもの。
色で塗られたもの。
正当なことばを語るもの。
三つの魂を持つもの。
父であり長兄であるもの。
夜を歩むもの。
働くもの。
人間である人間。
雲から歩み出るもの。
ことばを持つもの。
血と考えとを分け合うもの。
太陽の子ども。
一方から他方へと進むもの。

霧を歩むもの。
神秘的であるもの。
ことばを紡ぐもの。
兄弟であり姉妹であるもの。
アムスゴ人の兄弟・姉妹の皆さん
これらすべてが私たちの名前を語っている。
コラ人の兄弟・姉妹の皆さん
さらに語る。
クイカテコ人の兄弟・姉妹の皆さん
だが、ほとんど耳を傾けられなかった。
チナンテコ人の兄弟・姉妹の皆さん
別の名前が私たちの名前にかぶせられた。
チョチョルテコ人の兄弟・姉妹の皆さん
私たちはここに、私たちであることによって、私たちとなるためにきた。

チョル人の兄弟・姉妹の皆さん
私たちは私たちをみつめ、私たちになるための鏡である。
チョンタル人の兄弟・姉妹の皆さん
私たちとは大地の色である。
グアリホ人の兄弟・姉妹の皆さん
ここではもう、肌の色を恥じることはない。
ウアステコ人の兄弟・姉妹の皆さん
ことばを
ウアベ人の兄弟・姉妹の皆さん
衣服を
キカプ人の兄弟・姉妹の皆さん
踊りを
クカパ人の兄弟・姉妹の皆さん
歌を

マメ人の兄弟・姉妹の皆さん
背丈を
マトラツィンカ人の兄弟・姉妹の皆さん
歴史を恥じることはない。
ミステコ人の兄弟・姉妹の皆さん
ここではもう、苦しみはない。
ナウアトル人の兄弟・姉妹の皆さん
ここにあるのは、大地の色である私たちの色への誇りだ。
ニャニュ人の兄弟・姉妹の皆さん
ここにあるのは、大地の色である私たちの色
オオドハム人の兄弟・姉妹の皆さん
ここにあるのは、私たちを産み励ます声だ。
パメ人の兄弟・姉妹の皆さん
ここにはもう沈黙はない。

ポポルカ人の兄弟・姉妹の皆さん
ここにあるのは、叫びだ。
プレペチャ人の兄弟・姉妹の皆さん
ここにあるのは、隠れていた場所だ。
ララムリ人の兄弟・姉妹の皆さん
ここにあるのは、褐色の光、時間、感情だ。

先住民の兄弟・姉妹の皆さん
私たちはここに、私たちはここにいると語るためにいる。
先住民でない兄弟・姉妹の皆さん
私たちはここにいる、と語るとき、別の人びとの名をも私たちは呼ぶ。

メヒコ人である兄弟・姉妹の皆さん
メヒコ人でない兄弟・姉妹の皆さん

皆さんとともに私たちはここにいると語り、皆さんとともに私たちはいる。

先住民の兄弟・姉妹の皆さん
先住民でない兄弟・姉妹の皆さん
私たちは一枚の鏡である。

私たちがここにいるのは、私たちを見て教えてもらうためであり、皆さんが私たちをみつめ、皆さんが自分をみつめて、私たちのまなざしのなかで別の人びとが自分をみつめてもらうためだ。

私たちはここにおり、私たちは鏡だ。

現実ではなく、せいぜいのところ現実の像だ。

光ではなく、せいぜいのところきらめきだ。

途ではなく、せいぜいのところ数歩の歩みだ。

道しるべではなく、せいぜいのところ明日に導いてくれる多くの進路のひとつだ。

メヒコ市の兄弟・姉妹の皆さん

私たちが私たちはいると語るとき、私たちはまた、私たちは違う、私たちはそうならないとも語っている。

それゆえに、あの上にいる人びと、お金を持ちお金に喝采する人びとが、私たちのことばに留意し、それを注意深く聞き、見るのを好まないものを見ることは素敵だ。

私たちは権力を握り、権力を使って、歩みとことばとを押しつけることを熱望するものではない。

私たちは自分や他人の尊厳に値段をつけ、それを市場での争いに変えるものではない。市場にあっては、政治とは構想ではなく、顧客を争う商人たちの仕事なのだ。私たちはそうならない。

私たちは実際にはお金で買っているのに、援助を装う連中、挑発であり誘いであり要請であり要求であるものたちを、許すどころか辱しめている連中から、許しや施しを望んだりしない。私たちはそうならない。

私たちは唯一下からしか育たない正義、唯一すべての人びととともにしか達成されない自由、いたるところあらゆる時間で戦い取られる民主主義を、上から来ることを期待するものではない。私たちはそうならない。

私たちはメヒコが追憶とともに着飾る敗北の年代記に歌詞となってしまい込まれる、すぐに忘れられる流行ではない。私たちはそうならない。

私たちはことばを真似て、そこに新しい偽りを隠す、狡賢い計算ではない。私たちは永続的な戦争を求める偽の平和ではない。私たちは三といいながら、二だとか四だとか、すべてだとかゼロだとか語るものではない。私たちはそうならない。

私たちは明日には悔い改めるもの、権力のさらにグロテスクなイメージとなり、売買しかないところで「思慮」や「分別」を口にする悔悟者ではない。私たちはそうならない。

私たちは行進のなかでのもうひとつなのであり、そのようなものになる。

先住民の尊厳の行進である。

大地の色の行進である。

メヒコの下に隠され苦しんでいる多くのメヒコ人を明らかにし目覚めさせた行進である。

私たちはその行進のスポークスパースンではない。

私たちは多くの声のあいだでのひとつの声にすぎない。

尊厳がすべての声のあいだで復唱するこだまにすぎない。

それらの声に私たちは足し合わされ、それらとともに私たちはさらに多くなる。

私たちは木霊（こだま）でありつづける。私たちは声であり、そのようなものになる。

私たちは反映であり、叫びである。

私たちはつねにそのようなものになる。

私たちは顔を持とうと持つまいと、武装しようとしまいと、そのようなものになることができる。だが、私たちはサパティスタである。サパティスタであり、そうありつづける。

九〇年まえに、権力者たちはサパタと呼ばれた下層の人びとに、こう訊ねた。

「だれの許しをえてなのかね、諸君」

下層の人びとである私たちは、そのときこう答えたし、いまもこう答える。

「私たちの許しだ」

ちょうど九〇年まえから、私たちの許しをえて、私たちは叫んできた。「叛乱者」と私たちは呼ばれた。

いま、私たちはそれを繰り返す。私たちは叛乱者である。

私たちは叛乱者でありつづける。

だが、私たちすべてとともに叛乱者であることを、私たちは願う。

家や途のように戦争なしで。

なぜなら、大地の色がこう語っているからだ。戦いは多くの途を持っているが、その目的はただひとつ、大地にあるすべての色とともに、色となること。

兄弟・姉妹の皆さん
あの上にいる人びとは、これで地震は終わりだという。彼らが私たちの上に居つづけることを除いて、すべてが終わる。
あの上にいる人びとは、おまえがここにいても、病気のようにみつめられ、聞き届けられることなしに聞かれるだけだという。私たちは少数で、弱々しいという。私たちは一枚の写真、ひとつの逸話、ひとつの見世物、期限切れが近いはかない産物にすぎないという。
あの上にいる人びとは、皆さんが私たちを見捨てるという。私たちは見捨てられて、むなしく私たちの土地に帰るだろうという。

あの上にいる人びとは、忘却とは敗北であり、私たちは忘れられ、打ち破られることを覚悟すべきだという。

あの上にいる人びとは、知ってはいるのに、こう語ることを望まない。もう忘却はありえず、敗北はもう大地の色にとっては王冠ではないことを。

だが、彼らはそう語ることを望まない。なぜなら、そう語ることは認めることであり、認めることはすべてが変わってしまったのを、もうなにも変わらないわけではなく、すべてが変わっているのを見ることだからだ。

この運動、大地の色の運動は皆さんのものである。皆さんのものであるから、私たちのものなのだ。

いまや、彼らが恐れているように、すでに「皆さんのもの」と「私たちのもの」という区別はない。なぜなら、私たち全員が大地の色だからだ。

いまはキツネ［フォックス大統領］と彼にしたがうものたちが、私たちに耳を傾けるときである。

いまはキツネと彼に命じるものが、私たちを見るときである。

私たちのことばは、ただひとつのことを語っている。

私たちのまなざしは、ただひとつのことを見ている。

それは先住民の権利と文化との憲法による承認である。

大地の色にとっての尊厳ある場所である。

いまはメヒコがお金の色だけを身にまとという恥辱でなくなるときである。

いまはインディオ人民、大地の色、下にいる私たちのすべての色、お金の色にもかかわらず私たちのものである色のときである。

私たちは叛乱者である。なぜなら、それは大地がまるで売買でき、私たち大地の色が存在しないかのようにふるまうものたちへの大地の叛乱だからだ。

メヒコ市よ
私たちはここにいる。私たちは大地の色の叛乱者としてここにいて、こう叫ぶ。

民主主義を！

自由を！

正義を！

私たちはなにをなすべきかを皆さんに語るために、あるいは皆さんをどこかに導くためにきたのではない。

私たちがきたのは、私たちを助けてほしいと、皆さんにつつましく尊敬の念をもって求め、この旗が私たち大地の色にとって尊厳ある場所を占めることなしに、私たちがまたも目覚めることを、皆さんが許さないよう求めるためである。

メヒコ市の中央広場より
先住民地下革命委員会＝サパティスタ民族解放軍総司令部
メヒコ　二〇〇一年三月

【山崎カヲル＝訳】

資料Ⅷ　私たちは先住民であると同時にメヒコ人でありたい

エステル司令官

＊二〇〇一年三月二八日

名誉ある国会、下院の政治調整合同委員会の議員諸氏、下院の憲法条項・先住民問題合同委員会の議員諸氏、上院の憲法条項・先住民問題・法制研究合同委員会の議員諸氏、和解和平委員会の議員諸氏、下院議員ならびに上院議員諸氏、先住民全国議会の仲間の皆さん、メヒコのすべてのインディオ民族の仲間の皆さん、外国の仲間の皆さん、そしてメヒコの人びとに。

私の声を通じてEZLNの声が語ります。この私たちの声を持ち寄った言葉はひとつの叫び声です。しかし、私たちの言葉はこの国会の演壇、私たちの声に耳を傾けるすべての男女への尊敬の気持ちから発されるものです。皆さん、私たちを侮辱や品のない言葉で迎えないでください。二〇〇〇年一二月一日にこの議場への敬意を打ち壊した人びとと同じことをするつもりはありません。

　私たちが持ち寄った言葉は真実のものです。私たちは誰かを辱めるためにきたのではありません。誰かを打ち負かしにきたのではありません。誰かにとって代わるためにきたのではありません。法律を定めるためにきたのでもありません。私たちの声に耳を傾けていただき、皆さんの意見を聞くため、私たちはきたのです。対話するためにきたのです。

　この演壇に私たちが上ることをめぐり刺々しい議論や対立が起きたことを承知しています。私たちがこの機会を利用し、侮辱したり、未払いの勘定を取り立てようとしているのであり、所詮は大きな人気を得るための戦略でしかないと予測した人たちがいました。一方、出席しないことにしようと考えた人たちもいます。私たちの言葉を信用し、それに賭けようとした人もいました。私たちのためにこの対話のための扉を開けてくれたのは彼らであり、この場に出席されています。

　私たちはサパティスタです。この議会とメヒコ人民の多くが私たちの言葉に寄せている信頼や信用を、私たちが裏切ることはありません。私たちの丁重な言葉に注意深く聞き入ることに賭けた人びとは勝利するでしょう。対決を恐れ、対話への扉を閉ざすことに賭けた人びとは敗北するでしょう。なぜなら、私たちサパティスタは、真実と敬意の言葉を運んできているからです。一部の人びとの考えでは、この演壇がマルコス副司令官によって占拠され、サパティスタの基本的なメッセージを彼が伝えることになっていました。それが間違っていることをもう皆さんはご存じのはずです。

反乱副司令官マルコスは、まさしく副司令官なのです。司令官として、私たち全員が共同して命令を下します。人びとの意志に従って命令するのは私たちです。私たちは、マルコス、ならびに希望と熱望を彼とともに共有する人びとに対して、この議場に私たちを登場させることを使命として与えました。彼ら、私たちのゲリラ戦士は、メヒコおよび全世界の大規模な動員の支援を受け、その使命を果たしました。今度は私たちが語る時です。

国会に対する私たちの敬意は心の奥底からのものであり、形あるものです。この議場には、反乱軍の軍事指揮官はいません。いるのはEZLNの非軍事部門の代表者です。すなわち、正統で、誠実かつ一貫性を有し、さらには「チアパスにおける対話、調停、尊厳ある和平のための法律」によって合法的存在とされた運動の政治組織の指導部です。

このことは、私たちが誰に対しても恨みつらみを惹き起こすことにまったく関心がないことを示しています。だから、私、ひとりの先住民女性がこの議場にいるのです。本日、私がこの演壇に立ち、語るからといって、誰も打ちのめされ、侮辱され、卑しめられたと感じる必要はありません。今ここにいない人びともわかっているはずです。その人たちは、ひとりの先住民女性が皆さんに語ることに耳を傾けるのを拒否し、私が耳を傾けるように語るのを拒否したことになるのです。

私の名前はエステルです。だが、今、それは重要ではありません。私はサパティスタです。それも重要ではありません。私が先住民、女性であることが重要なのです。

この演壇はひとつのシンボルです。それゆえ、あの白熱した論争が起きたのです。それゆえ、私たちはここで語ることを望み、一部の人びとは私たちがここに立つことを嫌ったのです。一方、最初にここで言葉を発するのが、私、つまり、貧しい先住民でサパティスタの女性であること、サパティスタとしての私たちの言葉の基本メッセージを伝えるのが私ということも、ひとつのシンボルです。

数日前［三月二二日］、この立法議会で、非常に激しい議論がなされ、完全に閉鎖された議場で投票があり、多数派が勝利しました。多数派とは違った考えを持ち、違った行動をした人びとは、投獄されず、迫害を受けず、もちろん殺害されませんでした。この議会という場では、明白な差異、時には完全に相反する差異が存在します。しかし、そうした違いは尊重されています。こうした違いにもかかわらず、議会は分裂せず、バルカン化せず、たくさんの小議会に分裂しませんでした。逆に、まさしくそうした違いによって、また、お互いの違いに敬意を払うことで、議会は規則を作るのです。お互いに区別しているものを見失うことなく、統一を保つことで、共通の合意へと進む可能性があります。

　私たちサパティスタが望んでいるのは、まさにそのような国です。差異を承認し、それを尊重する国です。異なった存在、異なった考えをもつことが、投獄や迫害や殺害の原因とはならない国です。

　この立法議会には、出席できない七名の先住民が座るはずの七つの空席があります。彼らが私たちとともにここに来れなかったのは、私たち先住民を先住民たらしめている差異が認知されず、尊重されていないためです。七名の欠席者のうち、ひとりは一九九四年一月初頭に殺されました［オコシンゴの戦闘で死亡したEZLNウーゴ司令官ことフランシスコ・ゴメス］。二名は森林破壊に反対して投獄され［ゲレロ州のロドルフォ・モンティエール・フローレスとテオドル・カブレラ・ゴメス、アムネスティ・インターナショナル認定の良心の囚人］、二名は生活手段としての漁労を擁護し、違法な漁獲者に反対したため牢獄につながれ［ミチョアカン州の先住民族プレペチャのレオカリド・アセンシオ・アマヤとアルバレス・グスマン・マテオ］、残り二名は同じ理由で逮捕状を出されています。これら七名は、先住民としてみずからの権利のために戦ったため、先住民として殺害・投獄・迫害という仕打ちを受けたのです。

この議会にはさまざまな政治勢力があり、それぞれ完全な自治のもとで集まり、活動しています。合意形成の方法、党内共存のための規則などについては、それぞれ賛否があるでしょうが、尊重されており、特定の議会会派に所属するとか、右翼だったり中道だったり左翼だったりすることで、誰も迫害されません。必要となれば、メヒコにとってよいと思われるものを追求するため、全員が一体となって合意に達します。全員の合意がえられない場合には、多数派が合意を作り、少数派はそれを受け入れ、多数派の合意に従って活動します。議員諸氏は、特定のイデオロギーを持つ諸政党に所属していても、すべてメヒコ人の議員です。その場合、所属している政党や思想信条は意味をもちません。

私たちサパティスタが望むのは、まさにそのようなメヒコです。私たち先住民が先住民であり、メヒコ人でありうる国です。差異への尊重が、私たちを対等なものにしている原理への尊重と釣り合っている国です。差異があることによって、殺害・投獄・迫害・愚弄・侮蔑・

差別が起きない国です。差異によって構成されながら、主権を有する独立した国メヒコがつねに存在している国です。搾取、専横や屈辱で満ち溢れている植民地ではありません。私たちの歴史の決定的な瞬間には、私たちすべての男女が、私たちの差異のうえに、私たちが共有しているもの、メヒコ人であることを掲げられる国です。

　現在は、そのような歴史的な瞬間なのです。この議会では、連邦政府もサパティスタも命令はしていません。どの政党も命令していません。国会は差異によって作られてはいますが、全員が議員であり、国民全体の福祉への関心を共有しています。こうした差異と平等が、今、はるか未来を見つめ、現在に来たるべき時をのぞき見る機会を与えている時代に直面しているのです。私たちの時が、メヒコの先住民の時が来たのです。私たちが求めるのは、私たちの差異、私たちのメヒコ人という存在を認めていただくことです。

　幸いなことに、インディオ民族とメヒコとのために、皆さんのような議員のグループが憲法改正の法案を作りました。それは先住民を認知し、その認知によって国民主権を維持、強化することを謳っています。それがいわゆる「ＣＯＣＯＰＡ法案」です。そのように呼ばれるのは、法案を作成したのが、国会の和解和平委員会のメンバーである上院・下院の議員諸氏だからです。私たちはこの「COCOPA法案」に若干の批判があることを知らないわけではありません。メキシコの連邦立法史のなかでどの法案もこれほどまで議論されたことがなかったような議論が四年間にわたって展開されました。

この議論のなかでは、あらゆる批判が理論・実践の両面で完全に論破されました。この法案はメヒコをバルカン化するものだと非難されています。しかし、メヒコがもうすでに分断されていることが忘れられています。富を生み出すメヒコ、その富を奪うメヒコ、そして施しを求めて手を差し出さなければならないメヒコです。この断片化したメヒコにおいては、私たち先住民は、私たち自身である肌の色、私たちが語る言語、私たちが身につける衣装、私たちの悲しみ、歓び、そして私たちの歴史が語っている音楽や踊りを恥じなければなりません。

この法案はインディオ居留地を作ると非難されています。しかし、先住民である私たちがすでに分離されて生きており、他のメヒコ人と分断され、さらには絶滅の危険に曝されているることが忘れられています。この法案は古くさい法制度を促進すると非難されています。しかし、現在の法制度が衝突を促進し、貧しい人びとを処罰し、金持ちを免罪し、私たちの色を非難し、私たちの言語を犯罪にしているだけであることが忘れられています。この法案は政治に例外を作るものだと非難されています。しかし、現在、政治において、政府は統治せず、公的地位が富の源泉になっていることが忘れられています。就任期間が終わらないかぎり、免罪され罪に問われないことは知られています。

これやほかの問題について、私の後に発言する先住民の仲間がより詳細に語ってくれます。私としては、ＣＯＣＯＰＡ法案が先住民女性の差別と周辺化を合法化するものだという批判について、少しお話しすることにします。

下院議員の皆さん。上院議員の皆さん。私はここで、自分たちの共同体のなかで私たち先住民女性が生きている生活を皆さんに説明しようと思います。皆さんによれば、女性の尊重は憲法において保証されているといいます。

しかし、状況はきわめて厳しいのです。はるか昔から、私たちは苦痛、忘却、軽蔑、周辺化、抑圧に苦しんできました。私たちが忘却に苦しむのは、誰も私たちを思い浮かべないからです。私たちはメヒコの山岳の片隅で生きることを強いられています。だから、私たちを訪問し、どのように生きているのかを知るために誰も来ようとはしません。

他方、私たちには、水道や電気、学校、まっとうな家、病院はもちろん、診療所もありません。私たちの仲間、女性、子ども、老人は、治療可能な病気、栄養不良、出産などで死んでいます。彼らを治療する診療所も病院もないからです。しかし、金持ちが住んでいる都会には、優れた設備を持つ病院があり、あらゆる治療が受けられます。

都会においても、私たち先住民女性は何の恩恵も受けていません。というのは、私たちにはお金がないからです。私たちには故郷に帰るすべもありません。それがあれば、私たちは都会に出ることなどするはずがありません。私たちは死んで帰路につくのです。

出産の苦しみを味わうのは、ほとんど女性だけです。女たちは栄養不足や治療の欠如のために、腕のなかで子どもが死ぬのを見ます。さらに、靴も服も持てない子どもを見なければなりません。買うお金がないからです。家庭のめんどうを見るのは女たちですから、充分な食べ物がないことも見なければなりません。水瓶を満たし、子どもを抱いて、二～三時間も歩くのは、女たちです。さらに、台所仕事のすべてをしなければなりません。私たち女は、うんと小さいときから、簡単な仕事をさせられます。大きくなると、子どもを抱いたまま畑に出かけ、種を蒔き、雑草を取ります。

他方、男たちは家族をなんとか養うお金を手に入れるために、コーヒーやサトウキビの農園に働きに出ます。時には帰ってきません。病気で死ぬからです。家に帰る時間などなく、帰るとしたら、無一文で病気になっているか、時には死んでいることもあります。そうなると、女はさらに苦しみます。女ひとりで子どもの世話をしなければなりません。

また私たち先住民女性は生まれてからずっと、軽蔑や周縁化に苦しめられます。女たちはあまり注意を受けないからです。このために、私たち先住民女性の多くは文字を知りません。なぜなら、学校にいく機会が与えられないからです。

少し大きくなると、両親はむりやり私たちを結婚させようとします。いやだと断っても関係ありません。私たちの同意は問題にされません。両親は私たちの意志を無視します。私たちを女だからといって殴ります。私たちは自分の夫や親戚からも虐待されます。私たちは何も語れません。なぜなら、私たちには自分を守る権利などないと、彼らはいうのです。

私たち先住民女性は、自分たちの衣装、言葉、言語、祈りや治療法、それに私たちが耕す大地の色である肌の色によって、ラディーノや金持ちから馬鹿にされます。私たちはいつも畑にいます。そこで暮らしているからです。別の仕事への参加を許されません。私たちは汚いと言われます。先住民だから体を洗わないと言われます。

　私たち先住民女性は男たちと同じ機会を持つことができません。男だけがすべてを決定する権利を独占しています。男性にしか土地への権利はありません。私たち先住民女性は土地で働くことができず、人間でないかのように、私たちには権利が与えられません。

　私たちは不平等に苦しんでいます。こうした状況のすべては、悪しき政府が私たちに教え込んでいるからです。私たち先住民女性には、まっとうな食べ物も、まっとうな住居もありません。保健衛生サービスも就学も無縁です。私たちには就職計画もありません。だから、貧困のなかで生き延びているのです。この貧困の原因は政府の無策にあります。政府は私たちを先住民として遇したことなどありません。私たちは考慮に入れられず、もののように扱われてきました。政府は、『プログレサ』［前セディージョ政権時代の貧困地域の教育衛生支援計画］のような援助を私たちに与えているといっています。しかし、そこにある意図は、私たちを破壊し分断することです。

　これが私たち先住民女性の生であり、そして死なのです。それなのに、「COCOPA法案」は私たちを周縁化すると主張する人がいるのです。私たちを周縁化し侮辱しているのは、現在の法律なのです。だから、私たちはサパティスタ女性として戦うため、組織化することを決定しました。状況を変えるためです。私たちは、みずからの権利を持てないまま、ひどく苦しむことにもう疲れきっているからです。

こうしたことすべてを皆さんにお話しするのは、悲しんでいただくためでも、私たちのところに来て、そうした虐待から救っていただくためでもありません。そうした状況を変えるために、私たち女性は戦ってきたし、戦いつづけます。

しかし、私たちは私たち先住民女性の戦いを法律で認めていただきたいのです。なぜなら、現在にいたるまで、それが認知されていないからです。たしかに認知されてはいますが、たんに女性としてだけです。だが、女性としても完全ではありません。私たちは女性であるとともに先住民です。そうしたものとして、私たちは認知されていません。

私たちは、習慣や慣行のなかの何がよく、何が悪いのかを知っています。悪いのは、女性を叩き殴ること、女性を売買すること、女性の意志に反して結婚を強要すること、集会に女性を参加させないこと、家から出ることを許さないことです。

だから、私たちは先住民の権利と文化に関する法律の採択を望みます。それは私たちメヒコ全土の先住民女性にとってきわめて重要です。私たちが、女性として先住民として認知され尊重されるうえで、法律は助けになるでしょう。私たちの固有の衣装や言葉や統治や組織や祈りや治療のあり方、集団的な労働のあり方、土地への敬意の払いかた、私たちがその一部である自然にほかならない生命を理解する方法を認知してほしいのです。

この法案には女性としての私たちの権利も含められています。それが認められれば、誰も、男性と同じ形で私たち女性が仕事に参加すること、私たちの尊厳、私たちの統合を禁止できなくなります。

それゆえ、私たちは、皆さん、すべての両院議員諸氏が皆さんの義務を果たすことを望みます。人民の真の代表となっていただきたい。皆さんは、人民に奉仕する、人民のための法律を作ると言ってこれらました。

皆さんの言葉、人民への公約を果たしていただきたい。いまはＣＯＣＯＰＡ法案を採択する時です。

皆さんに投票した人びと、皆さんに投票はしなかったが人民の一部である人びとは、平和と正義に飢えつづけています。もはや、誰にも私たち先住民の尊厳を辱めることは許してはなりません。このことを皆さんに、女として、貧しいものとして、先住民として、サパティスタとしてお願いします。

国会議員の皆さん。皆さんは、サパティスタやインディオ人民のものだけではなく、メキシコのすべての人民のものでもある叫びに耳を傾けてこられました。その叫びは私たちのような貧しいものの叫びであり、安楽に暮らしている人びとの叫びでもあるのです。

議員としての皆さんの感受性は、私たち先住民が生まれ、育ち、生き、死んでゆく暗い夜を光が照らすのを可能にしました。この光とは対話です。皆さんが正義と施しを混同しないことを私たちは確信しています。私たちとの差異のなかにある平等を承認するすべを皆さんは知っておられます。その平等を人間として、メヒコ人として、私たちは皆さんやメキシコのすべての人民と共有しています。

私たちの言葉を聞いてくださったことを感謝します。この機会に、以下の重要なことをご静聴されてきた皆さんにお伝えます。

グアダルーペ・テペヤック、ラ・ガルーチャ、エウセバ川からの軍撤退の通告、それを実現するために取られている諸措置に関しては、ＥＺＬＮとしても無視できません。

すでにビセンテ・フォックス氏は私たち先住民族が私たちを通じて送った質問のひとつに答えようとしています。彼は連邦軍の最高司令官であり、連邦軍は、良きにつけ悪しきにつけ、大統領の命令に応じるのです。

今回、大統領の命令は和平へのシグナルとなっています。だから、私たちＥＺＬＮの司令官たちは、私たちの軍に対して和平という命令を与えることにしました。
① 私たちはＥＺＬＮの正規兵・不正規兵の軍事指揮官である反乱副司令官マルコス同志に対して指示します。連邦軍が放棄した諸地点にわが軍が軍事的進出をしないように必要な措置を取り、わが軍が山岳における現在の位置に留まるように命令してほしい。
和平というシグナルに、私たちは戦争のシグナルで応答することはしません。サパティスタの武器は、政府軍の武器に取って代わられることはありません。

連邦軍が放棄した諸地点に住んでいる民間人は、私たちの言葉を信じてほしい。衝突や意見の対立を解消するためにわが軍が使われることはありません。

私たちは国内外の市民社会を招待します。それら諸地点に市民の平和キャンプと監視所を設置し、武装したサパティスタの出現がないことを証明していただきたいのです。

②　私たちは建築士フェルナンド・ヤニェス・ムニョスに対して指示します。なるべく早急に、COCOPA、ならびに政府和平全権委員ルイス・エクトル・アルバレス氏と接触してほしい。そして、一緒に南東部のチアパス州に赴いて、七つの地点にいかなる軍も存在せず、対話再開のためにEZLNが要求した三つのシグナルのひとつが実現したことを個人的に確認してほしい。

③　同様に、私たちは、建築士フェルナンド・ヤニェス・ムニョスに対して指示しているところです。政府の和平全権委員とEZLNの公式連絡員という資格で、ビセンテ・フォックスが率いる連邦政府に信任状を提出し、残る二つのシグナルをできるかぎり早急に実現し、対話を公式に再開できるよう、調整作業を進めてほしい。

残る二つの合図とは、投獄中のサパティスタ全員の釈放、COCOPA法案にもとづいた先住民の権利と文化を憲法で認知することです。

今から、連邦政府は、和平全権委員とEZLNの直接対話を可能にする諸条件を整えるうえで確実で信頼できる思慮ある媒介者を持つことになります。私たちは彼を有効に活用していただきたいと思っています。

④　私たちは国会に尊敬の念を込めて要請します。国会において対話と和平の扉が開かれたことを踏まえ、政府和平全権委員が受け入れれば、国会内で連邦政府とEZLN連絡員との最初の会合が開けるように国会内の場所を提供していただきたいのです。

国会がそれを拒否した場合——私たちはその理由を理解するつもりである——、建築士やニェスに対しては、その会合を適切な中立的な場所で実現するようにという指示が出されています。そこで合意される内容は、世論に向けて知らされるでしょう。

議員の皆さん、このようなかたちで私たちは、対話への合意形成と和平達成への私たちの意志を明らかにします。現在、チアパスにおける和平への道を楽観視できるとすれば、それはメヒコおよび世界の多くの人びとの動員のおかげです。これらの人びとに、私たちは特別に感謝します。それが可能になったのは、現在私の前におられる議員グループのおかげです。理この人びとは、適切で正しい言葉に対して、場所と耳と心を開くすべを知っていました。理性、歴史、真実、正義を自らのものとして持ちながら、いまだに法律を自分のものとして持たないでいる言葉です。ＣＯＣＯＰＡ法案にもとづいて、先住民の権利と文化が憲法で認知される時、法律の時間はインディオ民族の時間と一体になりはじめるでしょう。

本日、私たちのために扉と心を開いた議員諸氏は、その時こそ、自分の義務を遂行したという満足感にひたれるでしょう。満足度は、お金ではなく尊厳の量によって測れるものです。その時、何百万というメヒコ人や世界の人びとは、これまで被ってきた苦難、そしてまだ続く苦難のすべてが無駄ではなかったことを知るでしょう。

今、私たちは確かに先住民です。しかし、やがて、違っていることで、生命を失い、迫害され、投獄されているほかのあらゆる男女と同じ存在になるでしょう。

国会議員の皆さん。私は先住民でサパティスタの女です。私の声を通じて、メヒコ南東部の何十万のサパティスタが語っただけではありません。メヒコ全土の何百万という先住民、そしてメヒコ人民の大多数が語ったものです。

私の声は誰かに敬意を欠いたものではありません。施しを求めてきたわけでもありません。私の声はインディオ民族のための正義、自由、民主主義を求めてやってきたのです。私の声は私たち先住民の権利と文化を憲法で認知することを求め、今も求めています。

私は、皆さん方の全員、ここにいる人もいない人も全員が合意するであろうひとつの叫びによって話を終わらせます。

インディオ民族とともに！　メヒコ万歳！　メヒコ万歳！　メヒコ万歳！

民主主義を！

自由を！

正義を！

先住民革命地下委員会＝サパティスタ民族解放軍総司令部

サン・ラサロの国会議事堂にて

メヒコ　二〇〇一年三月二八日

本当にありがとう。

【メキシコ先住民連帯関西グループ＝訳】

資料IX　国会における先住民全国議会ファン・チャベスの言葉

ファン・チャベス
＊二〇〇一年三月二八日

下院議員の皆さん。上院議員の皆さん。
サパティスタ民族解放軍・先住民革命地下委員会の仲間の皆さん。
先住民全国議会の仲間の皆さん。
メヒコ人の仲間の皆さん。
国内外の市民社会の仲間の皆さん。

この文書を読み上げさせていただきたいと思います。

われわれは土くれから誕生した。トウモロコシでできている。苦悩を糧に生きている。希望へと変わる苦悩を栄養としている。われわれは今もインディオである。真のインディオである。

国会議員の皆さん。多元的で多岐にわたる社会をつくるため、インディオ民族の権利を憲法で認知することを求めて、われわれ、つまり真の心をもったインディオ民族、真の血でできた民族、われわれ先住民族はこの場にいる。われわれは真の民族である。

われわれは大地からきた。母なる大地で創られている。大地から誕生した。光が存在する前から、すでに種は大地の薄暗い母胎に播かれていた。その場所はわれわれ民族の湿り気のある暖かい心であり、そこから言葉が芽生えた。その言葉によって、われわれの心がつくられ、歴史が作られ、われわれは先住民族になった。

われわれ先住民族が誕生した。われわれの根から誕生し、われわれの幹として立ち上がり、われわれの枝で開花した。われわれの花は言葉を咲かせ、果実となってわれわれを大地に帰していく。そして、われわれの種のなかで、再び言葉は芽生えていく。このように誕生しては成長し、成長しては開花し、開花しては種をつけながら、今日という時まで、われわれは成長し開花しつづけた。

われわれは今のわれわれでありつづける。今のインディオ民族でありつづける。われわれは、昨日、生まれたのではない。今日、生まれたわけでもない。最初から生まれていたのである。いちばん昔から生まれていた。以前から生まれていた。その以前、つまりわれわれが生まれていた最初から、われわれは仲間の先住民族とともに生まれた。それぞれがわれわれが知っている名前をもっている。それぞれがわれわれが心で感じる言葉をもっている。それぞれが敬意と優しさをもってわれわれの足で触れている場所をもっている。

それぞれの山や谷、岩、泉と水、山脈をもって、われわれはそれぞれ独自の先住民族でありつづける。先住民族の仲間として、われわれは生まれた。

われわれは大地の心から生まれた。世界の五つの隅で生まれた。大地の七つの色から生まれた。われわれは、赤、黒、黄、白、緑、青、紫、そして、すべてまとめた色でできている。こうして、われわれはやってきた。

あらゆる色、あらゆる声について、われわれは語り合い、出会ってきた。サポテコ、ミステコ、チナンテコ、マサテコ、ミヘ、トゥリキ、ソケ、アムスゴ、チョンタル、ウアーベ、イシュカテコ、チョチョルテコ、ナウァトル、アルタクアテ、チャティーノ、トラパネコ、ツォツィル、ツェルタル、チョル、トホラバル、マヤ、プレペチャ、ニャニュ、マサウア、トトナコ、マトラツィンカ、ポポルカ、テペウァ、ビリャリカ、コラ、メヒカネロ、テペウアーノ、ララムイ、テネク、プリクリ、グアイクリ、チョチミ、オオタム、ヤキ、マヨ、キカプ、クイカテコの人びとである。われわれのすべての先住民族から、真の言葉である言葉を集めてきた。

われわれは香である。風である。煙である。ポソールである。洞窟である。山である。水である。花である。鹿である。巻貝である。鳥である。色である。大地である。土くれである。雨である。太陽である。尊厳に満ちた記憶である。柔らかな明日である。われわれそのものであるわれわれの歴史の心である夢である。われわれはインディオである。真のインディオである。すべてがわれわれである。われわれは原初の民族である。われわれは自らの言葉と文化をもつ。歴史と伝統をもつ。

植民地化が始まる以前、メヒコ合州国の国境が画定する以前からこの大地に居住していたわれわれの父母や祖父母たちのいちばん最初の人たちに、われわれは由来する。われわれは、法的条件の有無にかかわらず、われわれ固有の社会・経済・政治・文化の諸制度を保存し、尊重し、防衛し、愛する民族である。

われわれはメヒコが批准したＩＬＯ（国際労働機構）第一六九号条約が語っている存在である。われわれはメヒコが署名した経済・社会・文化的権利に関する国際協定が掲げている存在である。われわれはメヒコが署名した市民の政治的権利に関する国際協定が言及している存在である。われわれは国際的な司法機関が定めている存在である。そこでは、すべての民族は自決権を有し、この権利を実行するため、自らの政治的状況を自由に確立し、自らの経済・社会・文化的発展をもたらすことができると明記されている。

それゆえ、今日、われわれは、われわれに関係する問題、つまり、われわれ先住民族の存在と集団的な権利を憲法で認知することを要求するため、全面的な敬意をもって、この国会の演壇にきた。

われわれは真の民族である。われわれの血のなかにわれわれは真の民族の血をもっている。われわれの血管には、われわれの祖先の記憶、尊厳、叡知が流れている。われわれの皮膚には、われわれに生命を与えたもの、われわれを世界に生み出したものの色をもっている。われわれの心には、われわれの言葉、真の言葉が存在している。その言葉は、意識をもたらし、われわれの理性を形づくり、山中におけるわれわれの歩みに同伴し、歌、雲や風の中でも聞き取ることをわれわれに教える。

われわれは自らに話し掛け、教える言葉である。尊敬の念である。歌である。音楽であり、織物である。調和であり、色である。われわれ全員が自らを注意深く見守っている配慮である。われわれ全員が考えをめぐらす心である。歴史と文化である。われわれ固有の規範である。防衛し、監視し、見守り、認定し、包み込み、誘っている規範である。

われわれはアイデンティティをもっている。言葉をもっている。歴史をもっている。文化をもっている。規範をもっている。伝統をもっている。自発的意志をもっている。今日ほど、われわれの声が祖国の隅々まで大地を駆け巡ったことはない。今日、あらゆる言語と言葉で、われわれの心が鼓動する音が聞こえる。今日、広場、山、道で、われわれが何度も繰り返し言ってきたことが聞こえる。

われわれは今そうであるインディオである。われわれは先住民族である。われわれはインディオである。われわれは今そうであるインディオでありつづけたい。われわれは今そうである先住民族でありつづけたい。今話している言葉を話しつづけたい。考えている言葉で考えつづけたい。夢見ている夢を見つづけたい。われわれに与えられてきた愛を大事にしつづけたい。われわれは、これまでのわれわれでありたい。

　これまでのわれわれの場所にいたい。これまでのわれわれの歴史、われわれの真実を望んでいる。

　われわれはわれわれの自決権、そして自決権の表現であるメヒコ国家の一部としての自治権を生かしたい。それによって、われわれが共生と社会・経済・政治・文化の諸組織の内的規範を決定するためである。なぜなら、われわれ先住民族のなかに自らの運命を決定する能力があることを知っているからである。

　われわれはアイデンティティ、固有の意識をもっている。文化、歴史、尊敬、確信をもったわれわれ先住民族として、国内や世界のほかの市民と関係を結んでいく開かれた能力をもっている。われわれは経済・政治生活を組織し、決定することができる。われわれ民族の公正な訴訟と司法行政に留意できる。

　われわれは愛と関心をもって領域問題に対処できる。それは、領域を保護し、保存し、発展させ、われわれの文化と教育に魂を入れるためである。というのも、われわれ民族と文化の発展、維持、再建にもっとも関心をもつのはわれわれ自身だからである。

われわれは大地を大事にしている。川、山、魚、鳥、動物を大事にする。われわれはわれわれ先住民族を大事にしている。それゆえ、われわれ先住民族が享受し、必要としているものをわれわれ先住民族に与えることができることをわれわれはよく知っている。われわれは先住民族の自治を行使しようと思っている。それは分離独立ではなく、自決権の国内的形態である。それはわれわれが昨日、今日、探していたものではない。それは、われわれが存在した時から、スペイン人による征服以前から、つまりわれわれがこの大地に居住してから、われわれの民族と文化のなかでわれわれが生きてきたものである。われわれ先住民族の何百万もの仲間たちは独自の文化、芸術、科学、都市、法律をもってきた。われわれ先住民族は独自の政府と権威をもっていた。しかし、征服と植民地化によりわれわれ先住民族は殺され、奪われてきた。

メヒコ国家が建設され、スペイン王室から分離独立した時、政府や法律は、われわれが生きつづけているにもかかわらず、われわれの文化やアイデンティティを忘れ去ろうとしたのである。この大地においては、われわれ先住民族のあいだで死と略奪が大規模に見られた。しかし、殲滅や強制的な消滅という企てにもかかわらず、われわれは生きつづけ、先住民族でありつづけた。われわれは自らの生活、存在、言語、文化を守り、世界を理解する方法を守っている。自然、ほかの先住民族、われわれの精神や先祖たちとの関係のあり方の独自性を守っている。われわれの組織や固有の政府の形態を守っている。われわれの文化は活力を保ちつづけている。われわれはけっして共同体を離れないし、けっしてわれわれが先住民族であることを忘れない。

長い年や世紀にわたり、われわれは先住民族であることをやめるように強制された。われわれは自らの肉体、あるいは文化を消滅させることを余儀なくされた。ほかの多くのわれわれの仲間も、孤立や周縁化、差別や軽蔑を余儀なくされた。われわれは自分たちの土地、山、川、聖地、言語や伝統を奪われてしまった。われわれの文化は忘れ去られたままの状態におかれるか、われわれが生き延びることができるように、われわれの文化を山の中に秘匿しなければならなかった。長年にわたって、われわれはこのようにして生きなければならなかった。

しかし、この数十年、われわれ先住民族は、国内外で言葉を発しはじめた。われわれは先住民族であり、生きつづけており、われわれの自決権を行使する権利を有するという自覚が誕生し、われわれは数多くのフォーラムにおいてわれわれの言葉を語ってきた。

　ほかの国では、先住民族の実在や存在、権利と尊厳が認知されている。しかし、われわれの国では、われわれは先住民族ではなく、法律でわれわれの存在は認められていない。われわれの国ではわれわれ先住民族の権利を享受できていない。われわれの国では、われわれ先住民族はまだ誕生していない。

　国会議員の皆さん。今、われわれが語っているこの言葉はわれわれ先住民族の言葉にほかならない。

　今回、初めて発したものではない。今日、われわれが言ったこの言葉は何百万人、数百万人もの先住民の仲間たちの言葉である。われわれ先住民族の言葉である。われわれが、長い年月、何十年にもわたって、われわれの町や共同体、山や谷のなかで集めてきた言葉である。

　われわれは先住民族としてこうした言葉を何度も話してきた。一九七〇年代、われわれは出会い、一緒に考えはじめた。一九八〇年代、多くの出来事がわれわれの心を突き動かし、われわれすべての先住民族が自らの権利と尊厳を尊重するために心を踊らせていることを感じるようになった。一九九〇年代、われわれはサンアンドレス対話で新しい希望の光に出会うことができた。そこで、サンアンドレス合意が調印されたとき［一九九六年二月］、われわれは自らの言葉を託し、新しい光が近づいていることを確信した。合意のなかにわれわれの望みと希望が反映されていることを知った。和解和平委員会が、合意の精神と言葉を盛り込んだ憲法改正の草案を作成するという責務を担ったとき［一九九六年一一月末］、われわれの心は大きな喜びに満ちていた。その草案がわれわれの言葉である。なぜなら、そこにわれわれの言葉が盛り込まれているからである。

われわれインディオ民族は、先住民全国フォーラム［一九九六年一月］、その後で先住民全国議会［一九九六年一〇月］において出会うことになった。それ以来、われわれ先住民族としての責任を代表しながら、組織された形で、われわれは自らの言葉を発してきた。われわれは、われわれ先住民の地域、地方自治体、町や共同体において、和解和平委員会の草案が前進するのを目撃してきた。

われわれ先住民族の町や共同体においては、四年以上も前から、この和解和平委員会の言葉は、聴かれ、検証され、受け入れられてきた。この同じ言葉を調印するため、われわれは、彼らによって、今日、国会議員の皆さんの前に送り出されたのである。和解和平委員会の草案はわれわれのものである。われわれの言葉である。

われわれメヒコのインディオ民族が希望し、必要とすることをこうして表現している。われわれ先住民族の存在、権利、自治、尊厳、真実を憲法で認知することである。

われわれぬきのメヒコはもういらない！

先住民全国議会
メヒコ市国会議事堂にて
二〇〇一年三月二八日

【メキシコ先住民連帯関西グループ＝訳】

資料X　国会下院前の市民社会に向けたわれわれの言葉

副司令官マルコスのメッセージ

＊二〇〇一年三月二八日

皆さんに言いたい。この集会、私が言っているのは、今、われわれがいるこの集会ですが、この集会によって、われわれはラカンドン密林第五宣言［一九九八年七月一九日発表］によって始まったひとつの運動の最終局面を迎えることになりました。

一九九八年に始まったこの運動は、二年前の一九九九年三月に行った全国協議［先住民の権利の認知、殲滅戦争に反対するための全国協議］によって、もっとも偉大な輝きの頂点のひとつに達しました。

われわれは、あの日、先住民の権利と文化を認知することを支持し投票された三百万人におよぶ人びとに感謝します。

あの時、動員に参加された人びと、そして今、動員に参加されている何百万もの人びとにも感謝します。

私は、私の同志である指導者たち、先住民革命地下委員会の司令官たちに特別の感謝の意を表します。

われわれサパティスタの人びと、サパティスタ支持基盤組織の人びと、EZLNの男、女、こどもと老人のため、われわれは距離的には遠いが、われわれの心の中ではきわめて近い挨拶を送ります。

われわれは、男女の反乱兵士たち、とりわけ、われわれが皆さんと一緒にできることを実行するため、われわれをここメヒコ市まで押しやってくれた設計者であるひとりの女性反乱兵士［マルコスの文章ではマールとして登場］に特別の感謝の意を表明します。

われわれは、共和国のあらゆる場所からここまでやってきた先住民の仲間の皆さん、そして、大地の色の行進と呼ばれたこの運動の最終段階においてずっとわれわれに付き添ってくださったチアパス、オアハカ、プエブラ、ベラクルス、トラスカラ、イダルゴ、ケレタロ、グアナフアト、ミチョアカン、メヒコ、モレロス、ゲレロ、連邦地区の市民社会の人びとにも感謝します。

われわれはすべての皆さんに感謝します……われわれはやり終えました。明日、われわれはリュックをまとめ、われわれの土地に帰るために出発します。

われわれはひとつだけお願いします。皆さん、それぞれの家や仕事の場に帰ったなら、あなたのおかげで、われわれがペドリートと呼んでいるペドロという名のひとりのこどもが、六年と一ヵ月の山中での生活から初めて家に帰れるようになることをあなたの友達や家族に伝えてくださるようお願いします。

あなたのおかげで、グアダルーペ・テペヤックのトホラバルの先住民共同体は「避難中の」という形容詞を付けなくてもよくなり、今、再び、サパティスタのグアダルーペ・テペヤックとだけ名乗ることになるでしょう。

われわれは、この集会を組織化するにあたり、われわれを支援してくださった芸術家や知識人、オスカル・チャベス先生とガビノ・パロマーレス先生——そこのラジオではガビノ・バレラと言っていたようですが、誰もがあなただと知っています——ならびに、私のリクエストに応えて歌うと約束されたオスカル・チャベスの歌が言っているように、これまでわれわれを助けてくださったすべての方々に感謝します。その歌詞は次のとおりです。

「あなたたちとともに、われわれはこの世界を別の世界に変えることができた。だが、落ち着くのはまだ早い。世界がよくなるようにするには、まだ多くのすべきことが残っている。だが、少なくとも、今はもはや前のままの世界ではない」

われわれは出発します。
もう、われわれは帰ることができます。

先住民全国議会の仲間の皆さん。われわれは手に何も持たずに帰るのではありません。われわれが握手を交わしたすべての手、近くや遠くから挨拶を交わした手、われわれを守るための鎖の輪となった手、われわれが宿泊する場所を建築し準備した手、支援や励ましの文章や言葉をわれわれに書いてくれた手、夜や夜明け前にわれわれを警護してくれた手、今年の三月一一日に首都のソカロで拳を突き上げた手、一握りの頑固な連中［ＥＺＬＮの国会での発言に反対したＰＡＮの指導部］が対話の扉を閉じようとした時に抗議の声を上げた手、三月二二日の国会の下院と上院で賛成票を投じた手、われわれがまだ見ていないが、われわれのものと同じ不安で引きつっていたが、今はわれわれと喜びを分かちあい拍手している手を持ち帰るのです。われわれはこうした手でいっぱいの手を持ち帰るのです。その手は、ご存じのように、心が出会った時にその心を摑もうとしてなる形をしています。

兄弟姉妹の皆さん、ありがとう。同志の皆さん、ありがとう。若者グループ、ありがとう。仲間の皆さん、ありがとう。男女の同志、ありがとう。お父さん、お母さん、ありがとう。男の子――いればいいですが――、女の子、ありがとう。伯父さん、伯母さん、ありがとう。義父母、ありがとう。いとこ、甥と姪――ここで、誰か検閲するかな――、代母に養子の男女よ、ありがとう。

ありがとう、メヒコ。われわれは本当に帰ります。

【メキシコ先住民連帯関西グループ＝訳】

訳者あとがき

湯川順夫

訳者は、ラテンアメリカの運動について十分な知識があるわけではない。ではなぜ、サパティスタなのか。訳者がここ数年主として追跡してきたのは、フランスを中心とする資本主義的グローバリゼーションに反対する社会運動である。そして、本書の一つの側面はまさに、サパティスタから見た、すなわち南の世界から見た、グローバリゼーションに対する告発であり、反グローバリゼーション運動の書なのである。反グローバリゼーションの新しい国際的な運動については、一九九九年一一月末のシアトルでのWTO（世界貿易機関）に抗議する運動が、大衆的な出発点であったということがしばしば強調されてきた。確かに、反グローバリゼーションの国際的運動はシアトルを契機として、それまでのロビー活動中心の運動から明確に大衆的な抗議運動へと質的な飛躍を遂げ、それがジェノバや最近のバルセロナでの数十万という未曾有の大衆的運動へと発展してきた。だが、それは工業諸国の運動について言えることであって、最初にこのグローバリゼーションの問題点を南の世界から自らの大衆的反乱を通じて鮮明に明らかにしたものは実は、本書でマルコス自身が述べているように、サパティスタの運動であった。これは、NAFTA（北米自由貿易協定）が発効する日、一九九四年一月一日、のことであったから、実にシアトルよりも六年近くも先立つことになる。本書は、フランスにおいて反グローバリゼーションの運動に向けた世論形成に大きな役割を果たしてきた『ル・モンド・ディプロマティーク』誌の論説委員であるイグナシオ・ラモネがこの点に注目し、サパティスタの根拠地、チアパスのジャングルを訪問してマルコス副司令官にインタビューしたものをまとめたものである。その意味において、本書はラテンアメリカ、メキシコに関心をもつ読者だけにとどまらず、グローバリゼーションの問題に関心をもつ人びと、とりわけ、反グローバリゼーションの運動に関わっている人びとにぜひ読んでほしい書であると言えよう。

本書をぜひ日本で紹介したいと考えたもうひとつの理由は、サパティスタとマルコスについていまだ根強く存在するひとつの誤解を解くのに本書が最適であると思ったからである。その誤解とは、「マルコスの言っていることは難解でよく分らない」というものである。訳者はかねがねこうした見解に大きな疑問を抱いて来た。なぜなら、もしその指導部が本当に難解な言辞を弄しているとすれば、そもそもチアパスの先住民大衆の中でその主張が理解され、大衆的に支持されるはずがないからである。実際、本書において、マルコスは、NAFTA（北米自由貿易協定）を中心とするグローバリゼーション、シアトル以降の反グローバリゼーションの全世界的運動、ポルト・アレグレの世界社会フォーラム、「原理主義」的運動に対する評価、武装闘争、国家権力、サパティスタの闘いの今後の展望といったきわめて今日的なさまざまな問題を論じているが、ここでイグナシオ・ラモネを介して外国人に対して語りかけようとしている彼の語り口は、きわめて平易で、難解なところがまったくないことに読者は驚かされることだろう。マルコスの難解さというものの大半は、したがって、自らの主張や路線をチアパスの先住民大衆により分りやすく説明するために、現地で長く伝承されてきた民話や説話が盛んに使われているという点にあることは明白である。現地住民が慣れ親しんできたこうした民話は逆に、背景的知識をもたないわれわれ外国人にとっては当然、難解なものとなるからである。したがって、マルコスが全世界に対してサパティスタの路線を説明しようとしている本書は、きわめて分りやすく、いわば格好の「サパティスタ運動入門書」となっていると言えよう。

通常、ひとつの運動が大きな評価を得た場合、どうしても周りの評価に囚われてかえって自らを絶対化してしまいがちである。しかし、マルコスの考えは、そうした一人よがりのセクト主義とはおよそ無縁で、きわめて柔軟である。そこには自らの路線を絶対化しようとするところがまったくない。たとえば、武装闘争についての考え方がそうであろう。そこには、これまでのラテンアメリカのゲリラ組織にしばしば見られてきた武装闘争路線の絶対化は存在しない。マルコスによれば、むしろ武装闘争自身が一定の特殊な条件に対応するものであって、そうした条件が変わるとそれは放棄されるべきものとして位置づけられているのである。これはほんの一例にすぎないのだが、マルコスは、すぐれて現代的なこうしたさまざまな問題についてきわめて柔軟で斬新な自らの考え方を提起している。それらは、われわれが現代世界を考える上で、多くの貴重な示唆と刺激を与えてくれることだろう。

なお翻訳に当たって、編集作業のみならず、いくつかの貴重な指摘と助言をいただいた現代企画室の太田昌国氏には、厚く感謝したい。

【著者紹介】

イグナシオ・ラモネ（Ignacio Ramonet）

ル・モンド・ディプロマティーク編集総長。モロッコなどで文学・映像記号論を学び、大学教師に。1991年から現職。彼の論文がよく掲載されるLe Monde diplomatiqueのホームページは
http://www.monde-diplomatique.fr/
ル・モンド・ディプロマティーク日本語・電子版は
http://www.netlaputa.ne.jp/~kagumi/
日本では「イニャシオ・ラモネ」との表記もある。

マルコス副司令官（subcomandante Marcos）

メキシコ・チアパス州で1994年に武装蜂起した先住民族組織EZLN（サパティスタ民族解放軍）に属する、非先住民族出身のスポークスパースン。メキシコ政府は実在の誰某であると特定しているが、人前では常に覆面をして顔を隠し、その半生も不明の人物。まもなく刊行される著書に『ラカンドン密林のドン・ドゥリート：サパティスタの寓話』『サパティスタの夢』（いずれも現代企画室）があり、後者では自らの活動履歴をかなり明らかにしている。

【訳者紹介】

湯川順夫（ゆかわ　のぶお）

1943年、大阪に生まれる。翻訳家。主著に『トロツキーとグラムシ：歴史と知の交差点』（共著、社会評論社）、翻訳書に、ボリス・カガルリツキー『迷走する復古ロシア』（共訳、現代企画室）、クリストフ・アギトン＋ダニエル・ベンサイド『フランス社会運動の再生』（つげ書房新社）などがある。

マルコス　ここは世界の片隅なのか
グローバリゼーションをめぐる対話

発行　2002年9月30日　初版第一刷　2000部

定価　1600円＋税
著者　イグナシオ・ラモネ
訳者　湯川順夫
装丁　本永恵子
カバー写真　佐々木真一
発行者　北川フラム
発行所　現代企画室
101-0064東京都千代田区猿楽町2-2-5-302
TEL03-3293-9539　FAX03-3293-2735
E-mail　gendai@jca.apc.org
URL　http://www.shohyo.co.jp/gendai/
振替　00120-1-116017
印刷・製本　中央精版印刷株式会社
ISBN4-7738-0202-2 C0031　Y1600E

現代企画室《チェ・ゲバラの時代》